KB104919

정치철학

첫 단 추 시 리 즈
045

정치철학

데이비드 밀러 지음

이신철 옮김

교유서가

차례

머리말

나는 이 책을 그동안 정치철학을 접해본 적이 없는 사람들에게 그것에 어렵지 않게 접근할 수 있는 길을 안내하고 싶어서 썼다. 그래서 내 나름으로는 정확성을 희생하지 않으면서 되도록 간결하게 쓰려고 노력했다. 오늘날 숱한 학문적 글쓰기를 끔찍한 것으로 만드는 기술적인 전문용어에 빠지지 않고서 상당히 추상적인 몇 가지 관념을 설명하는 일은 그야말로 흥미로운 도전이었다. 기꺼이 초고를 읽어주고 일반적인 격려의 말과 함께 유익한 제안까지 해준 주위의 여러 동반자들에게 진심으로 감사드린다. 그레이엄 앤더슨, 조지 브라운, 수 밀러, 엘런 풀, 애덤 스위프트 그리고 옥스퍼드대학출판부의 두 관계자가 그분들이다. 아울러 탈고 과정에서 헤아릴 수 없을 만큼 큰 도움을 준 조피아 스템플로프스카에게도 감사 드린다.

정치철학은
왜 필요한가

이 책은 큰 주제에 관한 작은 책이다. 잘 알려져 있듯이 하나의 그림은 천 마디 말의 가치를 지닌다. 그런 까닭에 나는 이 책을 정치철학이 도대체 무엇에 관한 것인지 파악할 수 있도록 해주는 매우 큰 그림에 관해 이야기하는 것에서 시작하려고 한다. 문제의 그림은 암브로조 로렌체티(Ambrogio Lorenzetti)가 1337년에서 1339년 사이에 그린 것으로, 시에나의 팔라초 푸블리코(시청사) 안에 있는 살라 데이 노베(아홉의 방)의 세 벽면을 채우고 있다. 그 그림은 흔히 〈좋은 정부와 나쁜 정부의 알레고리〉라고 불린다. 로렌체티의 프레스코화는 무엇보다도 우선 통치자가 가져야만 하는 자질과 가져서는 안 되는 자질을 대표하는 인물들을 통해 좋은 정부와 나쁜 정부의 본성을 각각 묘사하고, 다음으로 보통사람들의 삶에 대해 두 종류의 정부가 미치는 영향을 보여준다. 그래서 좋은 정부의 경우에 우리는 용기, 정의, 너그러움, 평화, 사려, 절제와 같은 덕목을 나타내는 인물들에 둘러싸인 채 호화로운 예복 차림으로 왕좌에 앉아 있는 고귀한 통치자를 보게 된다. 그 밑에는 한 줄로 늘어선 시민들 사이로 기다란 끈이 이어지는데, 그 끝이 통치자의 손목에 묶여 있다. 그것은 통치자와 인민의 조화로운 결합을 상징한다. 오른쪽으로 눈길을 돌리면 먼저 도시에서, 다음으로 시골에서 좋은 정부가 미치는 효과에 대한 로렌체티의 묘사를 볼 수 있다. 도시는 질서정연하고 부유하다. 장인들이 열심히 일하고, 상인들이 물건을 사고팔며, 귀족들이 화려하게 장식된 말을 타고 가는 모습이 보인다. 한 곳에서는 한 무리의 춤추는 사람들이 손을 잡은 채 원을 그리고 있다. 성문 너머에서는 잘 차려입은 한 여인이 사냥하러 나가고, 길가에서는 포동포동한 새들백 돼지를 시장으로 몰고 간다. 들판에서는 농부들이 땅을 갈고 추수한다. 주의깊지 못한 관람객이 이 프레스코화의 메시지를 파악하지 못하는 경우를 상정해서, 안전을 나타내는 날개 달린 인물이 높이 내걸고 있는 깃발에 다음과 같은 말이 적혀 있다.

이 공동체가 여전히 이 주권자를 유지하는 한, 모든 사람이 두려움 없이 자유롭게 여행할 수 있으며, 각자는 땅을 갈고 씨를 뿌릴 수 있다. 그녀가 악한 자로부터 모든 힘을 빼앗았기 때문이다.

나쁜 정부를 나타내는 반대쪽의 프레스코화는 보존상태가 그만 못하다. 하지만 그 메시지는 마찬가지로 분명하다. 악마 같은 통치자가 탐욕, 잔인, 오만과 같은 악덕들로 둘러싸인채, 도시는 군대에 점령당해 있고 불모의 들판은 유령처럼 그려진 군대에 의해 황폐해져 있다. 여기에는 두려움을 나타내는 인물이 다음과 같은 말이 적힌 것을 들고 있다.

각자가 오직 자기 자신의 이익만을 추구하기 때문에 이 도시에서 정의는 폭정에 억눌려 있다. 그런 까닭에 이 길로는 누구도 자신의 생명에 대한 두려움 없이 지나가지 못한다. 성문 바깥과 안쪽에 강도들이 들끓기 때문이다.

정치철학이란 무엇이고 왜 우리가 그것을 필요로 하는지 이해하는 데 로렌체티의 이 장엄한 벽화를 보는 것보다 더 좋은 방법은 없다. 우리는 정치철학을 좋은 정부와 나쁜 정부의 본성, 원인 및 그 효과에 관한 탐구라고 정의할 수 있다. 로렌체티의 그림은 이 탐구를 간명하게 드러낼 뿐만 아니라 이 주제의 핵심에 놓인 세 가지 관념을 인상적인 시각적 형상으로 표현한다. 첫째 관념은 좋은 정부와 나쁜 정부가 인간의 삶의 질에 심대한 영향을 미친다는 것이다. 로렌체티는 우리에게 정의나 그 밖의 덕목의 통치 덕분에 보통사람들이 어떻게 일하고 거래하고 사냥하고 춤추는지, 즉 일반적으로 인간 존재를 풍요롭게 하는 모든 것들을 어떻게 행하는지 보여준다. 반면에 그림의 다른 쪽에서는 폭정이 빈곤과 죽음을 낳고 있음을 보여준다. 이러한 것이 첫째 관념이다. 우리가 잘 지배되는지 나쁘게 지배되는지에 따라 실제로 우리의 삶에 차이가 생긴다는 것이다. 우리는 정치에 등을 돌릴 수 없으며, 사적인 삶으로 물러설 수 없고, 우리가 지배받는 방식이 자신의 개인적 행복에 심대한 영향을 미치지 않을 것이라고 상상할 수 없다.

둘째 관념은 우리의 정부 형태가 미리 결정되어 있지 않다는 것이다. 우리는 선택할 수 있다. 그렇지 않다면 도대체 왜 이런 벽화가 그려졌겠는가? 이 그림은 살라 데이 노베, 즉 아홉의 방에 그려져 있으며, 이 아홉은 14세기 전반기에 이 도시를 지배하던 아홉 명의 부유한 상인들로 이루어진 순환제 평의회를 가리켰다. 그래서 이 그림은 평의회 구성원들에게 시에나의 인민들에 대한 책임을 일깨워줄 뿐만 아니라, 이탈리아의 많은 도시가 상당한 정치적 혼란을 겪고 있던 시기에 그

곳에 세워진 공화주의 형태의 정부를 찬미하는 데도 이바지
했다. 사악한 정부를 묘사한다는 것은 한낱 탁상공론적인 영
위가 아니었다. 그것은 도시의 통치자가 인민에 대한 의무를
다하지 못하거나 인민이 자신들의 대표자를 감시해야 하는 자
신의 의무를 다하지 못하게 되면 어떤 일이 발생할 수 있는지
상기시키는 것이었다.

셋째 관념은 무엇이 좋은 정부와 나쁜 정부를 구별하는지
우리가 알 수 있다는 것이다. 우리는 상이한 형태의 정부가 가
져오는 효과들을 추적할 수 있으며, 가장 좋은 형태의 정부를
구성하기 위해서는 어떤 특성이 필요한지 배울 수 있다. 다시
말하면 정치적 지식과 같은 것이 있다는 것이다. 로렌체티의
프레스코화는 이러한 관념에 수반되는 모든 표지를 담고 있
다. 앞에서 보았듯이 덕 있는 통치자는 그 시대의 정치철학에
따라 좋은 정부를 특징짓는 것으로 여겨진 자질을 나타내는
인물들에게 둘러싸여 있는 것으로 제시된다. 프레스코화는
교훈적이고자 한다. 그것은 통치자와 시민들 모두에게 그들
이 원하는 종류의 삶을 어떻게 성취할지 가르치고자 한다. 그
리고 이러한 의도는 로렌체티가 확실히 믿었듯이, 어떻게 하
면 그와 같은 성취가 가능한지 우리가 알 수 있다는 것을 전제
한다.

하지만 우리는 프레스코화의 이러한 메시지를 믿어야 하는

가? 이 그림이 함축적으로 제시하고 있는 주장들은 실제로 **참**인가? 우리가 어떤 종류의 정부를 가지는지가 정말로 우리의 삶에 차이를 초래하는가? 이 문제에 대해 우리에게는 선택의 여지가 있는가, 아니면 정부 형태라는 것은 우리가 전혀 통제할 수 없는 것인가? 그리고 우리는 정부의 한 형태를 다른 형태보다 더 좋은 것으로 만드는 것이 무엇인지 알 수 있는가? 이러한 물음은 그 밖의 더 작은 물음들과 더불어 정치철학자들이 제기하는 큰 물음들 가운데 몇 가지다. 그러나 이러한 물음들에 답하려 하기 전에 우선 약간의 설명을 덧붙일 필요가 있다.

여기서 정부(government)에 대해 이야기할 때 내가 말하려는 것은 '현 정부', 즉 특정한 시점의 사회 속에서 권력을 지니는 사람들의 집단보다 훨씬 더 광범위한 어떤 것이다. 실제로 그것은 국가, 즉 그것에 의해 권력이 행사되는 내각, 의회, 법원, 경찰, 군대 등과 같은 정치 제도보다 더 광범위한 어떤 것이다. 내가 말하려는 것은 우리가 사회 속에서 함께 살아갈 수 있도록 해주는 규칙과 관행 및 제도들 전체다. 누가 무엇을 누구와 함께 행할 수 있는지, 누가 물질적 세계의 어떤 부분을 소유할지, 누군가 규칙을 어기면 무슨 일이 일어나는지 등등을 알기 위해 서로 협조할 필요가 있다는 것을 우리는 아마도 여기서 당연하게 여길 것이다. 그러나 이런 문제들을 해결하

1. 암브로조 로렌체티의 〈좋은 정부와 나쁜 정부의 알레고리〉에 보이는 덕 있는 통치자.

기 위해서는 국가가 불가결하다는 것을 아직은 당연시할 수 없다. 다음 장에서 보게 되듯이, 정치철학의 핵심적 쟁점 가운데 하나는 왜 우리에게는 애초에 국가가, 좀더 일반적으로는 정치권력이 필요한가 하는 것이다. 그런 점에서 우리는 사회가 정치권력 없이도 완벽하게 스스로를 잘 다스려나갈 수 있다는 아나키스트의 논증을 다룰 필요가 있다. 그래서 나는 '좋은 정부'가 과연 국가를, 혹은 관습적인 의미에서의 정부를 가질 필요가 있는지 여부는 일단 열린 물음으로 남겨놓고자 한다. 이 책의 마지막 장까지 계속해서 열려 있을 또하나의 물음이 있는데, 그것은 단 하나의 정부가 있어야 하는지 아니면 다수의 정부가 있어야 하는지, 즉 인류 전체를 위한 단일한 체제가 있어야 하는지 아니면 서로 다른 인민들을 위한 서로 다른 체제들이 있어야 하는지 하는 물음이다.

벽화를 그릴 때 로렌체티는 좋은 정부와 나쁜 정부를 주로 두 부류의 통치자가 지닌 인간적 자질이라는 면과 그 자질이 그들의 신민의 삶에 미치는 영향이라는 면에서 제시했다. 메시지가 전해진 매체를 고려할 때 이러한 방식은 아마도 불가피했겠지만, 어쨌든 그것은 대체로 그 시대의 생각을 따르는 것이었다. 좋은 정부라는 것은 스스로의 체제만큼이나 지배하는 자들의 자질―그들의 사려, 용기, 관용 등등―과 관련된 것이었다. 물론 체제에 관한 논쟁, 예를 들어 군주정은 공

화정보다 바람직한 것인가 아니면 그 반대인가에 관한 논쟁
도 있었다. 오늘날에는 강조점이 바뀌었다. 우리는 좋은 정부
의 제도들에 관해서는 많이 생각하지만, 그 제도들을 운용하
는 사람들의 개인적 자질에 관해서는 별로 생각하지 않는다.
아마도 우리는 분명 이 방향으로 너무 멀리 나아갔을 것이다.
하지만 나는 이런 현대의 논의방식을 따라 다음 장들에서 우
리의 통치자들을 덕이 있게 만드는 방법에 관해서가 아니라
주로 체제로서의 좋은 정부에 관해 이야기하려고 한다.

　이제 이 큰 그림 뒤에 자리잡고 있는 관념들로 돌아가자. 세
가지 가운데 가장 옹호하기 쉬운 것은 정부가 우리의 삶의 질
에 심대한 영향을 미친다는 관념이다. 어떤 독자가 이것을 곧
바로 인정하지 않는다면, 그것은 아마도 그 사람이 해마다 별
다른 변화 없이 상대적으로 안정된 형태의 정부 아래에서 생
활하고 있기 때문일 것이다. 선거를 통해 한 정당이 다른 정당
으로 교체된다고 해도, 그 전환은 대다수 사람들의 삶에 대수
롭지 않은 영향만 미칠 뿐이다(정치인은 수긍하기 어렵다고 하겠
지만 말이다). 그러나 그런 체제가 아닌, 지난 세기에 부상했다
가 몰락한 몇몇 정권을 떠올려보라. 예를 들어 독일의 나치 정
권과 그 정권에 의해 살해된 600만 명의 유대인이나, 마오쩌
둥의 중국과 이른바 '대약진운동' 때문에 야기된 기근으로 죽
은 2000만 명 이상의 사람들에 대해 생각해보라. 그사이에 다

른 쪽에서는 국민 전체의 생활 수준이 전례 없는 비율로 향상된 나라도 보였다. 20세기 역사는 로렌체티의 벽화에서 드러나는 뚜렷한 대조를 거의 정확하게 재현한 것처럼 여겨진다.

그러나 이 대목에서 우리는 앞의 세 가지 관념 가운데 둘째 관념을 살펴봐야 한다. 비록 다른 형태의 정부들이 번영과 빈곤, 삶과 죽음의 직접적 원인이었고 또 여전히 그렇다고 하더라도, 우리는 우리를 지배하는 정권에 어느 정도나 영향을 미칠 수 있는가? 또 이러한 정권은 우리가 전혀 통제할 수 없는 좀더 심층적인 원인에 의해 지배되는 사슬의 연결 고리일 뿐인가? 만약 그렇다면, 우리가 최선의 정부 형태를 선택할 수 있도록 도와주는 것이 자신의 목적이라고 공언하는 정치철학에는 무슨 의의가 있는가?

인간은 그 어떤 정치적 선택도 할 수 없다는 숙명론적 견해는 역사 속에서 서로 다른 시기에 서로 다른 형태로 나타났다. 로렌체티가 프레스코화를 그리던 시대에 많은 사람들이 역사는 순환적으로 움직인다고 믿었다. 좋은 정부는 오래 지속될 수 없으며, 시간이 지날수록 불가피하게 퇴락하여 결국 폭정으로 몰락하고, 오직 더디게 이어지는 단계들을 통해서만 그 최선의 형태로 되돌아간다는 것이다. 다른 시대—가장 두드러지게는 19세기—에는 역사의 진보라는 관념이 지배적이었다. 역사는 원시적 야만 상태로부터 문명의 좀더 높은 단계들로 직선적으로 진행해왔다는 것이다. 그러나 이것은 또한 사회가 지배되는 방식이 인간의 통제가 미치지 않는 사회적 원인에 좌우된다는 것을 함축한다. 그러한 관념 중에서 가장 영향력 있는 것이 마르크스주의였다. 그것은 사회의 발전이 궁극적으로 사람들이 물질적 재화를 생산하는 방식, 즉 그들이 사용하는 기술과 그들이 채택하는 경제 체제에 의존한다고 주장했다. 정치는 '상부구조'의 일부가 되었다. 그것은 지배적인 생산양식의 필요에 맞추어져 있었다. 그래서 마르크스에 따르면 자본주의사회에서 국가는 자본가계급의 이익에 봉사해야 했고, 사회주의사회에서 국가는 노동자의 이익에 봉사하게 되며, 결국 공산주의 단계에서 국가는 완전히 소멸하게 된다. 이러한 관점에서 보면 정부의 최선의 형태에 대한 고찰은 무의미해진다. 우리의 문제는 역사가 해결할 것이다.

무척 흥미로운 점은 마르크스주의 그 자체가 밟아간 이력이 우리에게 이런 종류의 결정론에서 무엇이 잘못되어 있는지 보여준다는 것이다. 마르크스주의 이념의 영향으로 사회주의 혁명이, 마르크스에 따르면 그것이 일어나서는 안 될 곳들에서, 즉 상대적으로 말해서 경제적으로 발전하지 않았고 따라서 사회주의 생산양식을 채택할 준비가 되지 않은 러시아나 중국과 같은 사회들에서 발발했다. 한편 좀더 발전한 일부 자본주의 사회들에서는 상당히 안정된 민주적 정부들이 수립되었으며—마르크스는 계급으로 분할된 그 사회들의 본성을 고려할 때 그런 일은 불가능하다고 생각했다—, 다른 한편으로는 파시즘 정권에 희생된 나라도 있었다. 정치는 경제나 좀더 일반적으로는 사회의 발전으로부터 상당한 정도로 독립해 있다고 판명되었다. 그리고 이것은 사람들이 자신들의 좁은 의미에서의 정부 형태에 관해서뿐만 아니라 자신들의 사회가 구성되는 좀더 광범위한 방법에 관해서도 중대한 선택지를 지닌다는 것을 다시금 의미했다. 그들은 일당제 국가를 가져야 하는가, 아니면 자유 선거를 수반하는 자유 민주주의를 가져야 하는가? 경제는 중앙에서 계획되어야 하는가, 아니면 자유 시장에 기초해야 하는가? 이것들은 정치철학자가 답하려고 하는 종류의 물음들이며, 그에 따라 다시 논의의 주제가 되었다.

그러나 19세기에 그토록 지배적이었던 종류의 역사적 결정론은 20세기의 경험에 의해 좌절되었지만, 21세기 초에는 새로운 형태의 숙명론이 등장했다. 이것은 새로운 세계 경제의 성장에 의해, 그리고 자국 인민이 그런 경제로부터 이익을 얻으려 할 경우 국가가 취할 수 있는 정책적 선택의 여지가 점차 줄어들 것이라는 믿음에 의해 고무되었다. 어떤 국가든 시장에 저항하려고 하면 경제가 위축될 것이다. 그리고 새로운 전지구적 경쟁에서 성공할 수 있을 것 같은 유일한 국가는 자유

민주주의 국가였다. 그래서 비록 한 사회가 다른 방식으로 지배될 수는 있을지라도—예컨대 이슬람 정권을 가질 수 있을지라도—그 대가는 경제의 상대적인 쇠퇴일 것이다. 그리고 이런 대가는 어떠한 사회도 지불하고 싶어하지 않을 것이라고 상정되었다. 이것이 이른바 '역사의 종언' 테제, 즉 본질적으로 모든 사회는 경제적 힘들에 의해 추동되어 스스로를 거의 같은 방식으로 지배하게 될 것이라는 주장이었다.

이러한 형태의 숙명론이 과거 다른 형태의 숙명론을 공격했던 것과 같은 사건들에 의해 와해되리라는 점에 대해서는 거의 의심할 여지가 없다. 이미 우리는 환경이나 개발도상국에 대한 세계 시장의 충격, 문화 수준을 낮추는 세계 문화의 특성 등에 초점을 맞추는 정치 운동의 형태로 세계화에 대한 반동이 이루어지고 있음을 볼 수 있다. 이러한 운동은 경제성장이 최상의 목표라는 관념에 도전하며, 그러한 도전 과정에서 우리가 우리의 삶에서 궁극적으로 무엇에 가치를 두어야 하는지, 어떻게 이 목표들을 성취할 수 있는지의 물음을 제기한다. 이것들은 정치철학의 핵심적 물음이다. 그리고 관습적인 의미에서 말하는 정치적 논쟁들의 주요 관심사로 국한한다고 하더라도, 우리가 더 큰 평등의 이름으로 얼마만큼의 경제적 자유를 희생해야 하는지, 또는 우리가 살아가는 공동체를 강화하기 위해 개인적 자유를 얼마만큼이나 제한해야 하는지를 둘러싸고 논쟁할 여지는 여전히 많다. 이 책을 쓰고 있는 시점에도 테러리즘이나 개인의 권리, 그리고 다른 국가들이 어떻게 지배되고 있든지 간에 그들의 내정에 간섭할 수 없다는 원리 등을 둘러싸고 치열한 논쟁이 진행되고 있다. 이것들 역시 집단적 선택이 이루어져야 하는 쟁점이며, 전형적인 정치철학의 쟁점이다.

지금까지 나는 정치철학이 우리 모두에게 지극히 중요한 쟁점들과, 더 나아가 우리가 그것에 관해 실제적인 정치적 선택을 해야 하는 쟁점들을 다룬다고 주장해왔다. 이제부터 나는 정치철학이라는 주제를 총체적으로 부정하는 사람들이 내미는 또하나의 이유, 요컨대 정치란 권력의 행사에 관한 것이며, 권력을 지닌 사람들―특히 정치인들―은 정치철학의 저작들에 아무런 관심도 기울이지 않는다는 시각을 비판적으로 다루려 한다. 그러한 시각에 따르면, 만약 상황을 변화시키길 원한다면 당신은 거리로 나가 시위를 하고 소란을 일으키거나 아니면 아마도 당신이 뇌물을 주거나 윽박지를 수 있는 정치인을 찾을 수 있는지 알아봐야지, 아무도 읽지 않는 좋은 사회에 관한 학문적 논문들을 두고 골머리를 썩여서는 안 된다.

정치철학자들이 정치적 삶에 직접 개입하고자 했을 때 대개 실패했다는 것은 참이다. 그들은 강력한 통치자에게 조언해왔다―아리스토텔레스는 알렉산더대왕에게 가정교사로

서 영향을 미쳤으며, 마키아벨리는 피렌체의 메디치가에게
조언하고자 했고, 디드로는 예카테리나대제에 의해 상트페테
르부르크로 초대되어 러시아를 어떻게 근대화할 것인지 논의
했다. 그러나 이러한 개입들이 과연 도움이 되었는가 하는 것
은 별개의 문제이다. 격렬한 정치적 갈등의 시대에 쓰인 논문
들은 종종 그저 양측을 이간시켜 충돌하게 하는 데만 성공했
다. 유명한 실례가 토머스 홉스의 『리바이어던』인데, 이 저작
은 잉글랜드의 내전이 여전히 치열하게 진행되는 가운데 쓰
인 정치철학의 걸작이다. 다음 장에서 좀더 상세히 논의하게
될, 절대적인 정부에 찬성하는 홉스의 논의는 왕당파에게도
의회파에게도 환영받지 못했다. 전자는 신에 의해 왕들이 통
치할 수 있도록 정해져 있다고 믿었으며, 후자는 정당한 정부
란 그 신민들의 동의를 필요로 한다고 여겼다. 인간 조건의 황
량한 그림을 묘사한 홉스는 이미 확립되고 효력 있는 정부라
면 정부로서의 그 자격이 무엇이든 간에 우리는 복종해야만
한다고 결론지었다. 그 함의에 따르면, 찰스 1세는 그 치세에
통치할 권리를 가지고 있었지만, 크롬웰이 찰스를 폐위시키
는 데 성공했을 때 역시 크롬웰에게도 통치할 권리가 있었다.
이 의견은 어느 편이든 듣고 싶어하는 것이 아니었다.

　홉스의 예는 왜 정치철학자들이 정치적 사건들에 **직접적인**
영향을 미친 일이 그토록 드문지를 설명하는 데 도움이 될 수

있다. 그들은 정치를 철학적 관점에서 바라보기 때문에 정치인과 일반 대중 모두가 지니는 갖가지 관습적 믿음들에 도전하지 않을 수 없다. 이러한 믿음들에 대해 정치철학자들은 사람들이 이러쿵저러쿵 말할 때 그것이 의미하는 바가 정확히 무엇인지, 그들이 자신들의 확신에 대해서는 어떤 증거를 가지고 있는지, 그들이 자신들의 믿음이 도전받을 때 어떻게 정당화하는지를 물으며 세밀히 살피게 된다. 이 같은 세밀한 검토의 한 가지 결과는 정치철학자들이 개진하는 자신의 생각과 제안이 관습적 논쟁에 익숙한 사람들에게 대개 낯설고 불온해 보인다는 것이다. 홉스의 생각이 내전 때 적대하며 싸우는 사람들에게 그렇게 보였듯이 말이다.

그러나 그렇다고 해서 정치철학이 시간의 흐름과 더불어 영향력을, 때로는 상당한 영향력을 지니는 것을 막지는 못한다. 우리는 정치에 관해 생각할 때 종종 스스로도 거의 의식하지 못하는 가정들, 즉 기저에 놓여 있지만 역사의 흐름 속에서 아주 근본적으로 변하는 가정들을 전제한다. 예를 들어 홉스가 저술하던 시대에는 정치적 논의 때 종교적 원리, 특히 성서의 권위에 호소하는 것이 보통의 일이었다. 그의 항구적인 유산들 가운데 하나는 정치에 관해 순수하게 세속적인 방식으로 사고할 수 있게 한 것이다. 비록 홉스 자신이 종교적 물음들에 깊이 몰두했다고 할지라도, 정치권력에 대한 그의 근본적으로 새로운 접근은 정치와 종교가 분리되고 상이한 용어로 논의될 수 있게 만들었다. 또한 홉스의 시대에는 오직 소수의 극단적 급진주의자들만이 민주주의를 정부의 한 형태로서 믿었다는 점을 생각해볼 수 있을 것이다(홉스 자신은 민주주의를 전적으로 배제하지는 않았지만, 그것이 일반적으로 군주제보다 열등하다고 생각했다). 물론 오늘날 우리는 그 밖의 정부 형태가 어떻게 정당한 것으로 여겨질 수 있는지 거의 상상할 수 없을 정도로 민주주의를 당연시한다. 이러한 변화는 어떻게 일어났는가? 그 이야기는 복잡한 것일 수밖에 없지만, 거기에 내포되는 불가결한 요소로서 민주주의에 찬성하며 논의를 펼친 정치철학자들의 역할이 있었고, 나아가 그들의 관념이 받아들여지고 대중화되어 정치의 주류로 편입되어왔다. 그중 가장 잘 알려진 이가 장 자크 루소일 것이다. 『사회계약론』이라는 저작을 통해 이루어진 프랑스혁명에 대한 그의 영향은 논박하기 어렵다. (이에 대해서 최소한 토머스 칼라일은 전혀 의심하지 않았다. 추상적 관념의 실천적 중요성을 제시해달라는 요청에 그는 다음과 같이 답했다고 한다. "언젠가 관념 이외에 아무것도 담고 있지 않은 책을 쓴 루소라고 불리는 사람이 있었지. 그 책의 제2판은 초판을 비웃은 사람들의 가죽으로 제본되어 있었다네.")

그 누구도 정치사상의 어떤 저작이 홉스의 『리바이어던』이나 루소의 『사회계약론』, 좀더 나중의 예로 마르크스와 엥겔스의 『공산당 선언』과 같은 영향력을 지니게 될지 미리 말할 수는 없다. 그것은 전적으로 철학자가 제시하는 사유에서의 근본적 변화가 그 새로운 관념들이 후속 세대에서 상투어가 되는 방식으로 정치적·사회적 변화와 일치하는지 여부에 달려 있다. 정치철학의 저작들 중에는 제한된 성공만 거두고 거의 흔적도 없이 사라져버린 것도 있다. 그러나 정치철학의 필요성은 언제나 존재하며, 특히 그 시대의 관습적 지혜로는 제대로 대처할 수 없는 새로운 정치적 도전에 직면할 때 더 필요할 것이다. 그런 때에 우리는 우리의 정치적 믿음의 토대를 조사하기 위해 더 깊이 파고들 필요가 있다. 그리고 바로 거기에서 우리는 정치철학으로 향할 수 있겠지만, 아마도 그 정치철학은 원전 자체가 아니라 팸플릿이나 잡지, 신문 등을 통해 걸러진 것들일 것이다. 성공한 정치철학자는 모두 미디어 친화적인 제자들 덕분에 자신의 생각들을 유포시킬 수 있었다.

그러나 정치철학이 참된 필요에 부응한다고 하더라도, 그 자체의 자격은 참된가? (오늘의 운세는 강렬하게 느껴지는 필요에 부응한다─사람들은 자신의 미래가 어떻게 될지 알고 싶어한다. 그러나 대다수는 오늘의 운세 자체가 완전히 가짜라고 생각한다.) 왜냐하면 정치철학은 정치에 관한 일종의 **진리**, 즉 그날그날 우리를 안내하는 **의견들**과는 다른 어떤 것을 가져다줄 수 있다고 주장하기 때문이다. 이 주장을 너무나도 극적인 방식으로 제시한 인물이 플라톤인데, 그는 『국가』라는 저작에서 동굴의 비유를 보여줌으로써 이 주제의 창시자로 여겨져왔다. 플라톤은 보통사람들을 동굴 속의 쇠사슬에 묶여 있는 죄수들에 비유한다. 그들은 눈앞의 벽면에 비친 사물의 그림자만 볼 수 있다. 플라톤에 따르면, 그들은 이런 그림자가 유일하게 실재적인 사물이라고 생각할 것이다. 이제 한 죄수가 쇠사슬로부터 풀려나 눈을 껌벅이며 빛 가운데로 나온다고 상정해보자. 시간이 지나면서 그는 세계 속의 실재적 대상들을 보게 될 것이고, 이전에 보았던 것은 그림자에 불과했음을 이해하게 될 것이다. 그러나 그후 그가 동굴로 되돌아와 동료들에게 그들의 잘못을 수긍하도록 만들고자 해도 그들은 그를 믿으려 하지 않을 것이다. 플라톤은 이것이 철학자의 입장이라고 생각한다. 그는 참된 앎을 지니고 있지만, 그를 둘러싼 사람들은 단지 왜곡된 의견들만 지닌다. 그러나 철학적 앎에 이르는 길은 길고 힘겨운 까닭에, 그것을 받아들이려 하는 사람은 거의 없다.

그러나 플라톤이 철학적 앎과 보통의 의견 사이에 이렇듯 뚜렷한 대조를 그려넣은 것은 정당했던가? 여기는 그의 구별의 형이상학적 기초를 논할 자리가 아니다. 그래서 내가 정치철학에 관해 생각할 때, 다른 사람들이 이용할 수 없는 특별한 종류의 지식을 철학자들이 가지고 있다는 식의 생각은 거

2. 플라톤과 소크라테스. 『소크라테스 왕의 전조』를 위한 매슈 패리스(1259년경)의
   표지 그림.

기에 들어 있지 않다는 점만을 간단히 언급해두고자 한다. 대신에 철학자들은 다른 모든 사람과 거의 똑같은 방식으로 사고하고 추론하지만, 좀더 비판적이고 좀더 체계적으로 그렇게 한다. 철학자들이 당연시하는 것은 더 적다. 그들은 우리의 믿음들이 과연 정합적인지, 그것들이 과연 증거에 의해 뒷받침되는지, 그리고 어떻게 하면 그것들을 하나의 큰 그림으로 꿰어맞출 수 있을지 묻는다. 이 점을 설명하기 위한 가장 쉬운 방법으로서 몇 가지 예를 들어보고자 한다.

우리가 한 정치인에게 그의 목표가 무엇인지, 그가 속한 정치 공동체는 어떤 목적이나 가치를 성취하려 해야 하는지 묻는다고 가정해보자. 만약 그가 현대 서구 사회에 속해 있다면, 그는 아마도 법과 질서, 개인의 자유, 경제성장, 완전고용 등등의 제법 예상 가능한 목록을 제시할 것이다. 이에 대해 정치철학자는 어떻게 대응할 수 있을까? 어쩌면 무엇보다도 목표들 자체에 주목하여 그중 어느 것이 실제로 **궁극적인** 목표인지 물을 것이다. 예를 들어 경제성장을 살펴보자. 이것은 그 자체로 좋은 것인가, 아니면 그것이 사람들에게 더 많은 선택지를 부여하는 한에서, 혹은 사람들의 삶을 좀더 건강하고 행복하게 만드는 한에서만 좋은 것인가? 우리는 지속적인 성장이 언제나 좋다고 상정할 수 있는가? 아니면 경제성장이 실제로 중요한 것들에 더이상 이바지하지 못하는 한계점이라는 것이 있는가? 비슷한 물음을 완전고용에 대해서도 던질 수 있다. 사람들이 완전고용을 가치 있는 것으로 평가하는 것은 유급 노동에 종사하는 것이 내재적으로 가치 있다고 믿기 때문인가, 아니면 오히려 일을 하지 않으면 버젓한 생활 수준을 유지할 수 없기 때문인가? 만약 두번째 이유가 사실이라면, 왜 일을 하든 안 하든 간에 모든 사람에게 소득을 보장하지 않는 것이며, 왜 일을 그것을 즐기는 사람들을 위한 자발적 활동으로 만들지 않는 것인가?

정치철학자는 또 그 정치인의 목록에 올라 있는 다른 목표들이 서로 어떻게 연관되는지 물을 것이다. 정치인들은 어떤 목표를 성취하기 위해 다른 목표를 희생해야 한다는 것을 좀처럼 인정하지 않지만, 아마도 현실에서는 그런 희생을 받아들일 것이다. 예를 들어 법과 질서를 개인의 자유와 대비해보자. 우리는 개인의 자유를 제한함으로써, 예를 들어 범행을 저지를 것으로 의심되는 사람을 체포할 수 있는 더 강력한 권한을 경찰에게 부여함으로써 길거리를 좀더 안전하게 만들 수 없을까? 그렇다면 어떤 가치에 더 높은 우선권을 부여해야 하는가? 물론 이 사안을 결정하기 위해 정치철학자는 개인의 자유가 무엇을 **의미**하는지 좀더 정확하게 말할 필요가 있을 것이다. 그것이 의미하는 것은 단순히 당신이 좋아하는 것이면 무엇이든 할 수 있다는 것인가, 아니면 **다른 사람에게 해를 끼치**

지 않는 한에서 당신이 좋아하는 것을 할 수 있다는 것인가? 이 것은 제기된 물음의 답에 큰 영향을 미친다.

이러한 물음들을 제기하고 몇 가지 답을 제시할 때, 정치철 학자들은 어떤 신비롭고 난해한 지식에 호소하지 않는다(또 는 호소할 필요가 없다). 그들은 독자가 자신의 정치적 가치들을 돌아보도록 촉구하고 자신이 가장 큰 관심을 기울이는 것이 최종적 분석에서 어떠한 것들로 드러나는지 이해하도록 권한 다. 그 과정에서 그들은 몇 가지 새로운 정보를 덧붙일 수 있 다. 예를 들어 경제성장의 가치에 대해 살펴볼 때는 물질적 생 활 수준이 판이한 사람들이 건강이나 사망률 같은 신체적 지 표나, 그들이 스스로의 삶에 어느 정도나 만족하는지와 같은 심리적 지표에 비추어 수치상으로 어떤 차이를 보이는지 살 펴보는 것이 의미가 있다. 그러므로 정치철학자들은 사회과 학이나 정치학에 관해 충분히 파악해둘 필요가 있다. 지난날 그들은 이러한 지식을 주로 광범위한 인간 사회들과 그 다양 한 정치 체계들에 관한 역사적 기록에서 얻을 수 있는 증거를 수집하여 분석함으로써 얻어내고자 했다. 그러한 증거는 얼 마간 인상적이었고 가끔은 신뢰할 수 없었다. 이 점에 관해서 오늘날의 정치철학자들은 20세기에 이루어진 사회과학의 눈 부신 진전 덕분에 좀더 견실한 경험적 기초에 입각해 논의를 발전시킬 수 있다. 그러나 그들이 다루어야 할 과제의 본질적 특성은 여전히 똑같다. 그들은 인간 사회의 이모저모와 그 사회들이 지배되는 방식에 관해 우리가 알고 있는 바를 조사한 다음, 자신들의 독자가 공유하고 있다고 믿는 목표나 가치에 비추어 최선의 정부 형태가 무엇인지 묻는다. 이 최선의 정부 형태가 이미 존재하고 있는 형태에 아주 가까운 경우도 있고, 완전히 다른 경우도 있다.

바로 앞의 몇 단락에서 내가 염두에 둔 것은 보통사람들로서는 접근할 수 없는 특별한 종류의 진리에 호소하지 않고서도 정치철학이 어떻게 정치에 관한 우리의 사고방식을 조명할 수 있는지 보여주는 것이었다. 여기에는 관련된 쟁점이 있다. 바로 정치철학이 우리에게 제공하는 종류의 진리는 어느 정도나 보편적인 진리, 즉 모든 사회와 역사의 모든 시기에 적용되는 진리인가 하는 것이다. 아니면 우리가 바랄 수 있는 최선의 것은 국부적인 앎, 즉 오늘날 우리가 살아가는 특정 종류의 사회에만 관련되는 앎인가?

이에 대해서 내가 제시하려는 답은 정치철학의 의제도 사회나 정부가 변함에 따라 변한다는 것이다. 비록 몇몇 요소는 우리가 역사로부터 아는 한 예전부터 변함이 없는 채로이지만 말이다. 이런 영원한 물음들 중에는 다음 장에서 다루게 될 정치나 정치권력에 관한 기본적인 물음들이 포함된다. 무엇보다도 먼저 우리는 왜 정치를 필요로 하는가? 누군가는 타인에게 자기 의지에 반해 뭔가를 하도록 강제할 수 있는 권리를 지니는가? 왜 나는 법이 내 마음에 들지 않을 때도 그 법에 복종해야 하는가? 그러나 다른 경우들에서는 그것이 물음이든 답이든 시간이 지남에 따라 변해왔으며, 그래서 우리는 어째서 그리되었는지 알아볼 필요가 있다.

그러한 변화의 한 가지 이유로 사회의 변화가 이전에는 존재하지 않았던 가능성을 열거나 혹은 가능성을 닫기도 한다는 것을 들 수 있다. 구체적인 예로 정부의 한 형태로서의 민주주의에 관해 생각해보자. 오늘날 거의 모든 정치철학자는—최소한 서구 사회에서는—좋은 정부란 모종의 민주주의를 의미해야만 한다는 것을 당연시한다. 요컨대, 어떤 방식으로든 인민이 통치해야만 한다는 것이다(제3장에서 보게 되듯이, 이것은 민주주의가 실제로 무엇을 의미하는지에 관한 많은 논쟁의 여지를 남긴다). 이전의 여러 세기 동안에는 그와 반대되는 견해가 우세했다. 좋은 정부란 현명한 군주정이나 개명한 귀족정이나 재산가들의 정부, 혹은 이것들의 혼합체를 의미했다. 그렇다면 우리는 옳고 우리의 선조들은 단적으로 틀렸다는 것인가? 그렇지 않다. 왜냐하면 민주주의가 성공적으로 기능하려면 일정한 전제조건들이 필요한 것처럼 보이기 때문이다. 민주주의는 부유하고 문화적 소양을 갖춘 인구, 사상이나 의견의 자유로운 교류를 위한 대중 매체, 사람들에게 경의를 살 만한 기능적인 법률 체계 등을 필요로 한다. 그리고 이러한 조건들은 최근까지도 쉽사리 획득될 수 없었으며, 또한 하룻밤 사이에 갖춰질 수도 없었다(고전기 아테네는 종종 예외로 여겨진다. 하지만 중요한 것은 아테네 '민주주의'가 도시 인구의 소수만을 포괄했으며, 그리스인들 스스로 인정했듯이 여성과 노예 그리고 거류 외국인의 노동에 의존했다는 점을 기억하는 것이다). 그래서 이전의 철학자들이 민주주의를 정부의 한 형태로서 인정하지 않았던 것은 잘못이 아니다. 앞에서 보았듯이 민주주의적 관념들의 영향력 있는 원천이었던 루소조차도 민주주의는 인간이 아니라 신들에게만 적합한 것이라고 말했다. 지배적인 조건들을 고려할 때, 우리가 오늘날 이해하고 있는 민주주의는 당시 실행 가능한 정부 형태가 아니었다.

변화하는 정치철학의 의제에 관한 또하나의 예로서 현재 우리가 개인의 선택에 부여하는 가치를 생각해볼 수 있을 것이다. 우리는 누구나 자신의 직업과 배우자, 자신이 믿는 종교, 자신이 입는 옷, 자신이 듣는 음악 등등을 자유롭게 선택할 수 있어야 한다고 생각한다. 우리는 개개인이 자신에게 가장 잘 어울리는 삶의 방식을 발견하거나 고안해야 한다고 생각한다. 그러나 대다수 사람들이 저마다 살아가기 위해서는 직업이나 여흥, 공통의 종교를 선택할 여지가 별로 없이 부모와 똑같은 생활방식을 따를 수밖에 없는 사회에서 그것이 얼마나 사리에 맞을 수 있을까? 여기서는 다른 가치들이 훨씬 더 중요해진다. 그리고 이러한 것이 인류 역사의 대부분에 걸쳐 사회들이 처한 상황이며, 그래서 최근 200년 동안의 시기에야 존 스튜어트 밀의 『자유론』과 같이 개인의 선택이라는 최상의 가치를 중심으로 구축된 정치철학이 등장한 것도 그리 놀라운 일은 아니다. 밀의 『자유론』에 대해서는 제4장에서 논하게 될 것이다.

이 책에서 나는 정치철학의 영원한 물음들과, 제6장에서 논의될 여성과 문화적 소수자들의 주장과 같이 아주 최근에야 정치철학의 의제로 떠오른 물음들 사이에서 균형을 맞추고자 했다. 그러한 작업은 어려운 것일지도 모른다. 현재 논의되는 가장 중요한 정치적 주제들에 사로잡혀, 어디에서나 정치의 근저에 놓여 있는 기본적 쟁점들을 놓치기 쉬운 것이다. 그에 대한 하나의 대처법은 시에나와 로렌체티의 프레스코화로 되돌아가 정치권력이 어떻게 구축되는지에 따라 부와 빈곤, 삶과 죽음의 문제에 큰 영향을 미친다는 점을 다시 살피는 것이다. 이것이 다음 장의 출발점이다.

나는 또한 이와 같은 쟁점들에 대해 취해져온 대조적인 입장들을 펼쳐놓는 것과, 나 자신의 논증들을 제시하는 것 사이에서 균형을 맞추고자 했다. 나의 목표는 아나키스트와 국가주권주의자, 민주주의자와 엘리트주의자, 자유주의자와 권위주의자, 국가주의자와 세계주의자 등등이 서로 논쟁할 때 쟁점이 되는 것이 무엇인지 설명하는 것이다. 하지만 내가 이러한 논쟁을 전적으로 중립적이고 초연한 관점에서 개관하고 있다고 주장하는 것은 정직하지 못한 일이다. 누구든 그렇게 하지 않고서는 정치철학에 관해 쓸 수 없다. 그래서 나는 우리 시대에 논쟁이 가장 격렬하게 이루어지는 몇몇 문제들에 대해 단 하나의 타당한 답이 존재한다고 독자들이 생각하지 않도록 주의하겠지만, 나 자신이 어떤 답에 공감하는지를 숨기려고도 하지 않았다. 내게 동의하지 않는 대목에서 당신 스스로가 당신 편에서 공정하게 제시된 논증의 근거를 발견하게 되기 바란다. 물론 내가 더 바라는 것은 당신이 내 편에서 제시된 근거에 의해 설득되는 것이다.

제 2 장

정치권력

만약 누군가가 오늘날 우리는 우리 자신을 어떻게 다스리는가 ─ 우리는 어떤 제도하에서 함께 사회생활을 하는가 ─ 묻는다면, 우리의 삶에 영향을 끼칠 유례없는 힘을 휘두르는 국가에 의해 다스려진다는 답이 돌아올 수밖에 없다. 국가는 우리의 신체와 소유물에 대한 침해로부터 우리를 지키는 기본적인 보호를 제공할 뿐 아니라 무수히 많은 방식으로 우리를 통제한다. 요컨대, 우리가 삶을 영위하고, 서로 의사소통을 하며, 이리저리 이동하고, 아이들을 키우는 등의 조건을 규정한다. 동시에 국가는 의료 서비스에서 교육, 도로, 주택, 공원, 박물관, 운동장 등에 걸치는 방대한 편익을 우리에게 제공한다. 오늘날 우리는 그러한 국가의 피조물이라 해도 과언

이 아닐 것이다. 물론 모든 국가가 똑같이 이러한 기능들을 잘 수행하고 있는 것은 아니지만, 누구도 실패한 국가에 속하는 것으로부터는 이익을 얻지 못한다.

인류 역사의 관점에서 보면 이것은 아주 최근의 현상이다. 인간 사회는 대개 훨씬 더 작은 규모로 자신을 다스려왔다. 부족사회에서 권력은 부족의 구성원들 사이에서 일어나는 분쟁을 해결하기 위해서나 부족의 법을 해석하기 위해 모이는 마을 어른들의 손에 놓여 있었다. 한(漢) 왕조 시대의 중국이나 중세 유럽에서처럼 좀더 큰 규모의 사회들이 출현했을 때도 거기에는 여전히 국가라고 불릴 만한 것이 존재하지 않았다. 최고 권력이 왕이나 황제의 수중에 있긴 했지만, 일상적인 통치는 지방 영주들과 그 관리들에 의해 수행되었다. 또한 사람들의 삶에 미치는 그들의 영향도 극히 제한적이었다. 왜냐하면 그들은 (종교에 관한 것은 제외하고) 사람들의 삶을 그다지 철저하게 규제하려 들지 않았고, 또한 말할 것도 없이 근대 국가가 제공하는 재화나 서비스의 대부분을 제공하려 하지 않았기 때문이다. 정치권력은 그 존재가 상대적으로 논쟁의 여지가 없어 보이는 방식으로 사회구조 안에 짜넣어졌다. 일어난 논쟁은 특별히 누가 권력을 행사해야 하는가(왕은 무슨 권리로 통치하는가)와, 권력은 다른 주체들, 예를 들어 왕과 사제들 사이에서 분할되어야 하는가에 관한 것이었다.

그러나 처음에 서유럽에서, 그리고 다음에는 그 밖의 거의 모든 곳에서 근대 국가가 출현함으로써 정치권력의 문제가 지난 500년 동안 정치철학자들을 사로잡게 되었다. 여기에 무수히 많은 방식으로 우리의 삶을 지배할 권리를 주장하는 제도가 존재한다. 무엇이 그 주장을 정당화할 수 있는가? 만약 그러한 상황이 존재한다면 어떤 상황에서 국가는 정당한 정치권력을 행사할 수 있는가? 우리는 평범한 시민으로서 국가가 정한 법이나 그 밖의 명령에 복종할 의무를 어느 정도나 지는가? 이러한 아주 기본적인 물음들은 우리가 국가를 어떻게 구성하는 것이 가장 좋으며—정부의 형태는 어떠해야 하며—, 그 권력에는 어떤 한계가 정해져야 하는지를 다룰 후속 장들로 넘어가기 전에 우선 해결할 필요가 있다.

국가가 정치권력을 행사한다고 할 때, 그것은 무엇을 의미하는가? 정치권력에는 두 측면이 존재한다. 한편으로 사람들은 일반적으로 그것을 권위로서, 바꿔 말하면 사람들에게 특정한 방식으로 행동하도록 명령할 권리를 가지는 것으로서 인식한다. 예를 들어 사람들이 법을 지킨다고 할 때 그들이 그렇게 하는 까닭은 대개 법을 제정하는 주체는 법 제정의 권리를 가지며 자신들은 그에 상응하여 법을 준수할 의무를 진다고 생각하기 때문이다. 다른 한편으로 법 준수를 거부하는 사람들은 제재라는 위협에 의해 준수를 강요받게 된다. 법 위반자들은 체포되어 처벌될 수 있다. 그리고 이 두 측면은 상호 보완적이다. 만약 대다수 사람들이 법의 정당성을 믿는 까닭에 거의 언제나 법을 지키는 일이 이루어지지 않는 경우에는 법률 체계가 작동하지 않을 것이다. 우선은 법 집행을 위한 엄청난 수의 관리들이 필요할 것이고, 다음으로는 누가 **그들에게** 법을 집행할 것인가 하는 물음이 생길 것이다. 마찬가지로 의무감에서 법을 지키는 사람들은 법을 어기는 사람들이 처벌받을 수 있다는 것을 앎으로써 그렇게 하도록 고무된다. 나는 내 이웃의 재산권을 존중하기 때문에 그의 것을 훔치지 않는다. 나는 그도 나의 재산권을 존중하기 바라지만, 만약 그가 그렇게 하지 않는다면 경찰을 불러 내 재산을 찾을 수 있다는 것을 알고 있다. 그래서 자발적으로 권력에 순응하는 사람들은 자신이 덜 양심적인 사람들의 먹잇감이 되지 않도록 보호받고 있다는 것을 알고 있다.

그래서 정치권력은 엄밀한 의미에서의 권위와 강제되는 준수를 결합한다. 그것은 어떠한 강제도 없이 제자들이 그 가르침에 따르는 현자의 권위와 같은 순수한 권위도 아니고, 당신에게서 지갑을 빼앗는 강도의 폭력과 같은 순수한 힘도 아니며, 그 두 가지가 섞인 것이다. 그러나 우리는 왜 그것을 필요로 하는가 하는 물음은 여전히 남아 있다. 결국 정치권력은, 특히 그것이 근대 국가처럼 강력한 조직체에 의해 행사될 때는, 우리에게 결코 달갑지 않은 극도로 많은 요구를 부과한다. 그런 요구들 중 일부는 (세금 납부와 같이) 우리에게 물질적 불이익을 주지만, 다른 것들은 우리가 도덕적으로 반대하는 것들을 (반대하는 전쟁에 참전해 싸우는 것과 같이) 우리에게 강제한다. 우리는 사회가 정치권력 없이도 스스로를 완벽하게 잘 다스릴 수 있고, 국가란 본질적으로 권력의 지위에 올라앉은 사람들의 이익에 봉사하는 사기극이라고 말하는 아나키스트에게 무슨 답을 줄 수 있을까?

나는 이 장의 후반부에서 국가에 대해 아나키스트들이 제시하는 대안을 살펴볼 것이다. 그러나 먼저 이전의 다른 사람들이 그러했듯이, 독자들에게 국가가 존재하지 않는 사회에서의 삶을 상상해보라고 함으로써 정치권력을 변호하고자 한다. 경찰, 군대, 법률 체계, 행정기구, 그 밖의 다른 부문들이 모두 없어진 경우에는 무슨 일이 일어날까?

아마도 이 노선에 따른 가장 유명한 사고실험은 1651년에 출간된 토머스 홉스의 『리바이어던』에서 볼 수 있을 것이다. 내가 1장에서 언급했듯이, 홉스는 잉글랜드의 내전으로 초래된 정치권력의 부분적 붕괴를 경험했으며, 그가 정치권력이 부재할 때의 삶에 대해 그린 그림은 한없이 황량했다. 그는 정치적 통치 없는 '인간의 자연 상태'를 삶에 필요한 것들을 둘러싼 잔인한 경쟁의 상태로서 묘사했다. 거기에서 사람들은 늘 도둑맞거나 공격당하지 않을까 두려움에 떨게 되고, 그 때문에 늘 다른 사람을 먼저 공격하는 경향을 보이는데, 그 결과는 자주 인용되는 다음의 구절에 요약되어 있다.

그러한 상태에서 노력을 위한 여지는 없다. 그 열매가 불확실하기 때문이다. 따라서 토지의 경작이 없다. 항해도, 해상으로 수입될 수 있는 재화들의 사용도 없다. 편리한 건물도 없다. 이동의 도구도 없고, 많은 힘을 필요로 하는 것들을 움직일 도구도 없다. 지표면에 대한 지식도 없고, 시간 계산도 없다. 학예도 없고, 문자도 없고, 사교도 없다. 그리고 가장 나쁜 것은 지속되는 두려움과 폭력에 의한 죽음의 위험이다. 그래서 인간의 삶은 고독하고 가난하고 역겹고 잔인하며 짧다.

홉스가 이런 비관주의적 결론에 도달한 것은 사람들이 본성상 이기적이거나 탐욕스러우며, 따라서 정치권력에 의해 제약받지 않으면 자신들을 위해 가능한 한 더 많이 움켜쥐려고 할 것이라는 그의 믿음 때문이라고 자주 언급되었다. 그러나 이것은 홉스의 진정한 논점을 놓치고 있다. 그 논점은 신뢰가 부재할 때는 사람들 사이의 협조가 불가능하며, 그 신뢰는 법을 강제할 수 있는 상위의 힘이 없는 곳에서는 훼손되리라는 것이다. 홉스가 '자연 상태'에 결여되어 있다고 묘사하는 것들은 무엇보다도 우선 많은 사람에게 남들도 스스로의 역할을 다하리라고 기대하면서 함께 일할 것을 요구하는 것들이며, 정치권력이 부재할 때 그러한 기대를 품는 것은 안전하지 않다. 만약 내가 누군가와 계약을 체결할 때 그 계약을 강제할 법이 없다면, 왜 내가 그 사람이 그 계약을 지키리라고 기대해야 하는가? 그리고 그가 계약을 지킬 마음이 있다 하더라도, 그는 나에 대해 똑같은 우려를 품으면서 그렇게 신뢰하는 것은 너무 위험하다고 판단할 수도 있다. 이러한 상황에서 홉스는 늘 최악의 사태를 상정하며 죽음의 위협에 맞서 자신을 보호할 수 있는 방책을 강구하는 것만이 가장 현명한 태도라고 주장한다. 그리고 그것을 실행하는 방법은 다른 사람과 비교하여 가능한 한 더 많은 힘을 모으는 것이다. 기본적으로 정치권력이 없는 삶을 '만인의 만인에 대한 영원한 전쟁'으로 만드는 것은 불신으로부터 생기는, 다른 이들에 대한 두려움이다.

홉스의 비관주의는 정당한 것이었을까? 그의 비판자들은, 우리 주위를 둘러보면 사람들이 국가나 그 기관의 개입 없이도 서로 신뢰하고, 서로 협력하며, 어떠한 대가도 바라지 않고 서로 돕기까지 하는 데 대한 증거를 충분히 발견할 수 있다고 지적한다. 예를 들어 이웃들끼리 모여 방치된 어린이 놀이터를 함께 수리하기 위해 팀을 꾸려 작업을 분담하기로 하고서는 어떠한 법적 계약이나 강제 수단 없이 서로를 신뢰하며 자기 몫을 다할 수 있다. 인간의 본성은 홉스가 묘사하는 것과 같은 게 아니다. 그러나 어느 면에서 이 견해는 요점을 놓치고 있다. 비록 홉스가 인간의 본성에 대해 다소 낮게 평가했다 하더라도(그는 언젠가 거지에게 돈을 줄 수밖에 없었는데, 그렇게 한 것은 다만 거지를 바라보는 불편함을 덜기 위해서일 뿐이라고 설명해야 했다), 그의 진정한 요점은 권력 와해에 따르는 두려움의 분위기 속에서는 인간 본성의 비교적 온화하고 신뢰할 수 있는 측면이 사라지리라는 것이다. 그리고 사람들이 내전에 처하거나 생존이 위태로운 상황에 처할 때 어떤 행동을 취하는지를 생각해보면 그는 옳았던 것으로 보인다.

그렇다면 우리에게는 정치권력이 필요하다. 왜냐하면 그것이 우리에게 다른 사람들을 신뢰할 수 있도록 해주는 안전을 제공하고, 신뢰의 분위기 속에서 사람들은 홉스가 '자연 상태'에 현저히 결여되어 있는 것으로 열거한 그 모든 편익을 산출하기 위해 협력할 수 있기 때문이다. 그러나 권력이 존재하지 않는 곳에서 그런 일이 가능할까? 홉스는 모든 사람이 함께 모여 그날부터 그들을 통치할 주권자를 세우기로 서로 계약을 맺는 것을 상상했다. 아니면 그들은 한 사람의 강력한 인물, 예컨대 정복을 마친 장군 같은 존재에게 개별적으로 복종할 수도 있을 것이다. 권력이 제한되지 않고 분할되지 않는

3. 토머스 홉스, 정치권력의 옹호자.

한, 누가 권력을 쥐는가는 별로 문제가 되지 않는다고 홉스는 생각했다. 여기서 우리는 그와 결별할 수 있을 것이다. 그러나 권력이 어떻게 구성되어야 하는지 좀더 자세히 살펴보기 전에, 우리는 잠시 멈추어 '자연 상태'에서 벗어날 다른 방도가 있는지 알아보아야 한다. 홉스가 말하는 모든 것에도 불구하고, 정치권력 없이도 사회적 협조가 가능할까?

아나키스트들은 그것이 실제로 가능하다고 믿는다. 그들의 목소리가 비록 언제나 소수에 그쳤다고 하더라도 우리는 그들에게 귀기울여야 한다. 정치철학자로서 우리는 관습적 지혜를 검토할 의무를 지며, 따라서 정치권력의 대안을 탐구하지도 않은 채 그것을 당연시해서도 안 된다. 여기서 우리가 취할 수 있는 두 가지 상이한 방향이 존재한다. 아나키스트들 자신은 대체로 두 진영으로 나뉜다. 한쪽은 **공동체**를 지향하며, 다른 한쪽은 **시장**을 지향한다.

정치권력에 대한 공동체주의적인 대안은 서로 직접 얼굴을 대하는 공동체를 사람들 사이의 신뢰와 협조를 가능케 하는 초석으로 삼는다. 사람들이 일상적으로 교류하고 누가 공동체의 구성원이고 누가 아닌지를 모든 사람이 아는 작은 공동체에서 사회질서를 유지하기는 비교적 쉽다. 다른 사람을 공격하여 그의 소유물을 빼앗거나 공동체의 일에 대한 공정한 분담을 거부하는 사람은 누구든 공공연하게 제재를 받게 된다. 그의 행동에 관한 소문이 퍼지면 다른 사람들은 그를 책망하고 장래에 그와 함께 일하기를 거부할지도 모른다. 공동체 모임에서 그는 비난을 받을 것이고 심지어는 떠나갈 것을 요구받을 수도 있다. 이 모든 것은 악의적 행위자가 뭔가를 하도록 강제되거나 공식적으로 처벌받지 않고서도 일어날 수 있다. 그리고 바로 이것이 우리가 공동체주의적인 생각을 정치권력의 한 형식으로서보다는 정치권력의 대안으로서 기술할 수 있는 이유다. 인간을 움직이는 가장 중요한 동기들 가운데 하나는 주위 사람들에게 받아들여지고 존중받고자 하는 욕구다. 작은 공동체 환경에서 이것은 비록 사람들이 성자가 아니더라도 서로 협조할 수 있게 한다.

공동체주의적인 아나키스트는 이와 같은 공동체들로 이루어진 사회에서 협조가 훨씬 더 큰 규모로 가능할 것이라고 주장한다. 본질적으로 공동체들은 서로 서비스를 교환하는 데 동의할 것이다―예를 들어 각각의 공동체는 서로 다른 종류의 재화를 생산하는 쪽으로 전문화될 수도 있다. 그리고 예컨대 교통 체계나 우편 서비스 구축 같은 좀더 큰 규모로 실행될 필요가 있는 프로젝트에서 협력할 수 있다. 이러한 계약을 맺는 것은 각각의 공동체의 이익이며, 만약 한 공동체가 신뢰를 상실한 것으로 입증된 경우에는 장차 어떤 공동체도 그 공동체와는 협조하려고 하지 않게 된다는, 협정 위반에 대한 제재도 존재한다. 그래서 다시 한번 강조하건대, 사람들에게 무엇을 할 것인지 명령할 수 있는 중앙 권력은 필요 없으며, 공동체들에게 서로 협조하도록 강제하기 위해 강압적인 힘을 동원할 필요도 없다―이러한 체계는 효과적으로 질서를 유지할 것이다.

국가 없는 삶에 대한 이런 목가적인 그림에서 어디가 잘못되어 있을까? 하나의 주된 문제는 그것이 사회질서를 위한 토대로서 작고 긴밀하게 조직된 공동체에 의거한다는 점이다. 이것은 과거라면 이치에 맞는 상정이었을지 모르지만, 오늘날에는 그렇지 않다. 우리는 사람들이 물리적으로 아주 쉽게 이동할 수 있다는 의미에서, 그리고 서로 협력할 수 있고 유감스럽게도 그로부터 이득을 챙길 수 있는 새로운 사람들이 언제든 출현할 수 있다는 의미에서 매우 유동적인 사회에 살고 있다. 아나키스트의 그림이 터무니없는 생각인 것은 아니다. 그러나 그들이 묘사하는 삶은 같은 집단의 사람들이 오랜 기간에 걸쳐 교류하고, 그 결과 서로의 행동방식을 서로가 잘 알게 되리라는 가정 위에서 작동한다. 그들은 또한 집단에서 배제될 가능성이 반사회적 행위에 대한 강한 억지력이 되리라고도 가정한다. 그러나 규모가 큰 유동적인 사회에서 그러한 가정은 유효하지 않다. 그러므로 우리는 다른 사람들을 해치는 자들을 추적하여 처벌하고, 또 만약 이행하지 않으면 제재를 가함으로써 구속력 있는 계약을 체결할 수 있게 해주는 법률 체계를 필요로 한다.

공동체들 사이의 협조는 아나키스트가 묘사할 만큼 단순한 것은 아닐 것이다. 왜냐하면 자기 자신의 공동체에 대한 충성은 종종 다른 공동체에 대한 상당히 강한 불신과 궤를 같이하며, 따라서 계약은 여기 있는 우리 입장에서 저기 있는 사람들이 어떤 공동 프로젝트에서 자신들의 공정한 소임을 다함으로써 공헌하고 있다고 확신할 수 없는 까닭에 실패할 수도 있기 때문이다. 그리고 애당초 공정함이라는 것이 무엇을 요구하는지에 대해 양쪽의 의견이 일치하지 않을 수도 있다. 가령 우리가 중앙 권력이 부재한 가운데 전 사회적 범위의 철도망을 구축하고 싶어한다고 해보자. 각 공동체는 필요 재원을 얼마만큼씩 부담해야 할까? 머릿수에 맞추어야 할까, 아니면 더 부유한 공동체가 그에 비례하여 더 많이 내야 할까? 나의 공동체가 외딴 지역에 자리잡고 있어 철도망과 연결하는 데 더 많은 비용이 든다면 단지 그 이유로 추가 비용을 부담해야 할까, 아니면 그 비용을 모든 공동체가 균등하게 부담해야 할까? 이 물음들에 답하기는 쉽지 않으며, 그 문제들에 관해 많은 지역 공동체가 자발적인 합의에 이를 가능성이 있다고 생각할 이유도 없다. 이와는 대조적으로 국가는 일말의 해결을 **강제할** 수 있다. 국가는 이를테면 세금을 부과함으로써 각 개인이나 각 공동체에 일정 금액을 제공하도록 **요구할** 수 있다.

이제는 정치권력과 국가에 대한 아나키스트의 또하나의 대안, 즉 경제 시장에 의거하는 것을 고찰해보자. 확실히 이 대안은 시장이 사람들을 방대한 규모로 함께 일할 수 있도록 하는 강력한 수단으로 입증된 한에서 현대 세계의 특성과 맞아떨어진다. 시장은 이미 우리가 필요로 하고 원하는 재화와 서비스 대부분을 공급하고 있다. 하지만 시장은 국가를 대신할 수 있을까?

시장 아나키스트—이들은 자유 지상주의자(libertarian)라고도 불린다—의 주장에 따르면, 우리는 국가가 현재 제공하는 서비스들을 개인적으로 계약하여 대가를 지불하고 확보할 수 있으며, 그 서비스에는 인신의 보호가 포함된다는 것이 결정적으로 중요하다. 국가가 존재하지 않는 곳에서는 경비업체가 고객과 그 재산에 대한 보호를 제공할 것이며, 거기에는 도난당한 재산을 되찾고 계약을 집행하고 인신의 상해에 대해 보상을 받아내는 것이 포함된다. 그래서 만약 이웃이 나의 것인 뭔가를 훔친다면, 나는 (공공의) 경찰을 부르는 대신에 내가 계약을 맺은 경비업체를 부를 것이고, 그 업체는 문제의 이웃에게 나를 대신해서 응분의 조치를 취할 것이다.

그러나 이웃이 내 주장에 이의를 제기하고 **그가** 계약한 업체를—물론 나의 업체와는 별개일 수 있는—부른다면 어떻게 될까? 자유 지상주의자들의 주장에 따르면, 만약 두 업체가 합의를 보지 못할 경우 양쪽은 그 사건을 중재자에게 넘기게 되고, 그 중재자는 다시 자신의 서비스에 대한 비용을 청구할 것이다. 결국 싸움에 휘말린 어느 쪽 업체에도 이익이 되지 않는다. 그래서 보호 서비스를 제공하는 제1의 시장이 있고, 다음으로 분쟁을 다룰 중재 서비스를 제공하는 제2의 시장이 있게 된다. 물론 모든 사람이 같은 경비업체와 계약을 맺기로 하지 않는다면 말이다.(그러나 왜 그런 일이 일어나겠는가?) 그리고 현재 국가가 제공하는 다른 서비스도 시장으로 넘겨질 것이다—저마다 의료보험에 가입하고, 자녀 교육비를 내고, 유료도로 통행료를 내는 등등으로.

이러한 체계는 정말로 정치권력 없이도 작동할까? 경비업체는 고객의 권리를 보호하기 위해 무력행사를 할 필요가 있을 것이다. 만약 재산이 정당하게 내게 귀속된다는 것이 확정되었음에도 이웃이 그 재산을 돌려주지 않는다면, 내가 계약한 경비업체는 그것을 되찾기 위해 요원을 파견할 것이다. 그러나 여전히 엄밀한 의미에서의 권력은 존재하지 않는다. 왜냐하면 내 이웃은 내가 의뢰한 업체를 인정할 의무가 없으며—그는 언제든 저항할 수 있다—, 나 또한 내 업체의 행태가 마음에 들지 않으면 다른 업체로 바꿀 수 있기 때문이다. 그렇다면 이것은 국가에 대한 순전히 아나키스트적인 대안이다. 그러나 이것은 **좋은** 대안일까?

만약 우리가 여러 경비업체 모두가 재산 분쟁 등을 처리하기 위해 동일한 일련의 규칙을 이행하는 데 합의하고, 분쟁이 일어날 경우 모두가 독립적인 중재인의 결정에 동의한다고 생각한다면, 그 대안은 매력적으로 보일 수 있을 것이다. 그러나 그들이 왜 그렇게 해야 하는가? 경비업체 중에는 어떠한 경우에도—비록 대다수의 사람들이 받아들이는 기준에 비추어 잘못된 것으로 밝혀질지라도—고객을 위해 싸우겠다고 약속함으로써 고객 확보를 꾀하는 업체가 있을지도 모른다. 이와 같은 업체가 소수라도 일단 시장에 진입하면, 다른 업체들도 똑같이 공격적인 노선을 취함으로써 그에 대응해야 할 것이다. 이것은 점점 더 많은 분쟁이 보통사람들을 격렬한 싸움으로 몰아넣을 위험을 지닌 채 물리적인 힘으로 해결하게 된다는 것을 의미한다. 우리는 홉스가 말하는 '만인이 만인의 적인 전쟁' 상태에 빠져들 것이며, 이 상태에서 각자가 취할 유일한 합리적 결정은 이런저런 싸움에서 이길 것 같은 업체에 가입하는 것이다. 그러나 그 결과는 모든 사람에게 동일한 규칙을 부과할 힘과 권력을 갖는 기관을 설립하는 일일 것이다. 다시 말하면 우리는 (의도하지 않은 방식으로) 국가를 다시 수립하게 될 것이다.

국가가 현재 수행하는 모든 기능을 시장에 맡겨버리는 데는 또하나의 문제가 있다. 그러한 기능들 가운데 하나는 '공공재'라고 불리는, 누구나 누리고 누구도 그 향유로부터 배제될 수 없는 편익의 제공이다. 이 공공재는 다양한 형태를 취한다. 예를 들어 맑은 공기와 깨끗한 물, 외적의 침입에 맞선 방어, 도로, 공원, 문화적 편의 시설, 의사소통 매체 등이다. 이 재화들의 공급은 사람들에게 모종의 제한을 가하거나—예를 들어 정부가 제조업자들에게 유독가스 배출을 억제하도록 요구한다—아니면 세금을 인상해 그 세입을 공영 방송이나 교통체계, 환경 보호 등을 위해 사용함으로써 달성된다. 이러한 재화들을 경제적 시장을 통해 창출할 수 있을까? 시장은 사람들이 저마다 사용하고자 하는 재화나 서비스에 응분의 대가를 지불하는 데 근거하여 작동한다. 그리고 공공재의 문제성은 바로 그것들이 대가를 지불하는지 여부와 상관없이 모두에게 제공된다는 점일 따름이다. 물론 제공되는 재화의 가치를 알아본 경우에는 사람들이 자발적으로 기부할지도 모른다. 유지비가 많이 드는 오래된 교회들은 교회를 둘러보러 오는 방문객들이 출입문 옆의 모금함에 넣는 돈에 얼마간 의지할 수 있다. 그러나 거기에는 무임승차라는 강한 유혹이 따르며, 우리는 대개 공공재를 누리면서도 그 사실을 거의 의식하지 못한다(우리는 아침에 일어날 때 숨을 쉴 수 있는 공기가 있고 외적의 침입으로부터 자신이 지켜지고 있는 것이 얼마나 큰 행운인지 생각하지 않는다. 뭔가가 잘못될 때까지는 그것을 당연하게 여긴다). 그래서 이러한 재화가 제공될 수 있도록 강제할 힘을 지닌 정치권력이 필요한 것으로 보인다.

지금 여기서는 자유 지상주의적인 아나키스트들이 공공재를 시장을 통해 제공하는 방법이나, 사람들이 함께 뭉쳐 공공재의 창출에 기여할 수단을 둘러싸고 제안해온 그 모든 독창적인 논의를 고려할 여유가 없다. 정치철학에는 다루어야 할 더 많은 논의가 늘 존재한다. 그러나 나로서는 공동체나 시장이—이것들이 인간 생활의 많은 영역에서 아무리 중요하다고 할지라도— 왜 정치권력과 그 현대적 구현인 국가를 **대체할** 수 없는지 보여줄 수 있을 만큼 충분히 언급해왔기를 바란다.

국가가 규제에 나서고 세금을 부과하고 군대에 징집하고 그 밖의 여러 방식으로 우리의 삶에 영향을 미칠 때 우리는 국가를 싫어할지도 모르지만, 국가 없이는 잘 살아갈 수 없을 것이다. 진정한 선택은 정치권력을 갖느냐 마느냐가 아니라 어떤 종류의 권력을 가질 것인가와 그 한계는 어디여야 하는가이다. 이런 물음들이 후속 장들의 주제다. 그러나 우리는 아직 권력 그 자체에 대한 고찰을 마무리하지 못했다. 여전히 답할 필요가 있는 한 가지 결정적인 물음이 남아 있다. 국가가 나에게 내가 싫어하는 것이나 찬동하지 않는 것들을 하라고 명령할 때, 왜 나는 그것에 복종해야만 하는가? 정치철학자들은

4. 아나키스트는 정치권력을 어떻게 바라보는가? 위로부터 시계 방향으로 이렇게
   쓰여 있다. 우리는 너희 위에 군림한다. 우리는 너희를 속인다. 우리는 너희를 위
   해 먹는다. 우리는 너희를 쏜다. 우리는 너희를 통치한다. (러시아 풍자화, 1900년)

이것을 '정치적 의무의 문제'라고 부른다.

당신은 이 물음이 우리가 왜 정치권력을 가질 필요가 있는 지 보여줌으로써 이미 이 물음에 대한 답이 되었다고 생각할 지도 모른다. 그러나 실제로 이를테면 영국 정부가 법을 제정 하고 세금을 부과할 권리를 갖고 있다는 것을 인정하는 것과, 나에게 개인적으로 그 법을 지키고 세금을 낼 의무가 있다고 생각하는 것 사이에는 여전히 간극이 존재한다. 가령 내가 의 무를 거부했다고 해도 그것이 정부의 붕괴를 야기하거나 사 회질서를 유지하는 그 능력을 심각하게 저해하는 일은 아니 다. 모든 국가는 상당수의 위법행위나 탈세에 대처해서 존속 할 수 있다. 만약 오로지 내 행위의 결과에 대해서만 생각한다 면, 나는 법을 위반하는 것, 예컨대 지역 권력이 역사적인 건 조물을 허물지 못하게 나 자신을 출입문에 쇠사슬로 묶어두 고 불도저의 통행을 막거나, 내가 세금으로 냈을 법한 돈을 구 호단체인 옥스팜을 후원하는 데 사용함으로써 더 큰 선의가 실현될 것이라고 결론지을 수 있을 것이다. 그렇다면 왜 나는 법을 지켜야 할까?

물론 하나의 이유는 내가 법을 지키지 않으면 처벌될 가능 성이 있다는 것이다. 그러나 우리가 여기서 찾고 있는 것은 그 런 복종에 대한 원리적인 이유다. 일부 정치철학자들은 이 문 제가 해결될 수 없다고 결론짓는다. 그들은 내가 법을 지켜야 하는 것은 다만 그렇게 해야 할 독립적인 이유, 즉 그 법이 정당한 권력으로부터 나온다는 사실과 아무런 관련도 없는 이유가 있는 경우뿐이라고 말한다. 그러나 여러 적극적인 해결책을 제시하려 시도해온 사람들도 있다. 여기서는 그것들 모두를 살펴볼 수는 없고 두 가지만 살펴보고자 하는데, 첫번째 것은 그것이 역사적으로 가장 평판이 좋았기 때문이고, 두번째 것은 내가 믿기에 대체로 올바르기 때문이다.

첫번째 해결책은 우리가 그렇게 하기로 계약을 맺었거나 동의했기 때문에 법을 지킬 수밖에 없다고 주장한다. 이 생각의 매력을 이해하기는 쉽다. 가령 내가 지역 풋볼 클럽에 가서 가입을 요청한다고 가정해보자. 토요일이 되어 나는 경기에 참가한다. 그러나 나는 규칙에 따라 플레이하는 대신에 공을 집어들고 달리는 것을 고집한다. 클럽 회원들은 분명 매우 분개할 것이다. 그들은 내가 그 취지에 명시적으로 동의했든 안 했든 클럽에 가입함으로써 보통의 규칙에 따라 경기를 하는 데 동의했다고 말할 것이다. 누구나 공을 들고 달리는 것이 허용된다면 경기가 더 재미있게 될 것이라는 나의 의견은 당연히 조롱감이 될 것이다. 여기는 **풋**볼 클럽이라고 그들은 말할 것이다. 참가자는 모두 암묵적으로 기존의 규칙을 받아들이고 있다는 것이다.

하지만 우리가 이 논의를 풋볼 클럽에서 국가로 옮겨가고자 할 때 어려움이 시작된다. 왜냐하면 일반적으로 말해서 사람들은 국가에 가입할지 여부를 선택하지 않기 때문이다. 그들은 좋든 싫든 국가에 복종할 것을 요구받는다. 그렇다면 그들은 어떤 의미에서 동의하는 것일까? 홉스는 우리가 국가에 귀속되는 쪽을 선택하는 것은 그것이 앞에서 본 것처럼 삶이 '역겹고 잔인하며 짧은' 자연 상태보다 낫기 때문이며, 국가가 어떻게 생겨나는가 하는 것은 문제가 아니기 때문이라고 논했다. 가령 우리는 정복자의 칼날에 굴복하게 된 경우에도 그의 권력에 동의하는데, 왜냐하면 더 나쁜 운명에서 벗어나기 위해 그렇게 하기 때문이다. 그러나 여기서 동의의 관념은 본연의 뜻 너머로까지 확장된다. 풋볼 클럽의 사례에서 강제력을 낳는 것은 내가 가입하기로 자유롭게 선택했다는 사실이다.

훗날의 사상가들은 의무와 동의에 관한 홉스의 논의를 거부하고, 국가에 대한 복종이라는 단순한 사실과는 다른, 법에 대한 우리의 동의를 나타내는 것으로서 사용할 수 있는 뭔가를 찾아보고자 했다. 예를 들어 존 로크는 그의 『통치론Second Treatise of Government』(1689)에서 우리가 모두 국가로부터 혜택을 입고 있으며, 그것은 동의의 한 형태로서 다루어질 수 있다고 지적했다. 특히 국가의 주요 기능들 가운데 하나는 재산의 보호이기 때문에, 우리가 구매나 상속으로 재산을 취득할 때에는 그 재산에 대한 국가의 관할권에, 따라서 관련 법들에 암묵적으로 동의하는 셈이다. 로크는 이것이 심지어 일주일 동안 숙박을 한 사람이나 국도로 여행한 사람에게도 적용된다고 생각했다. 그러나 또다시 문제가 되는 것은 이러한 혜택을 누리는 일에 실제로는 거의 선택의 여지가 없다는 점이다. 우리는 모종의 재산 없이는 살 수 없다─그것이 한낱 음식과 옷가지일 뿐일지라도. 국경으로 향하는 국도를 거치지 않고는 국가를 벗어날 수도 없다. 따라서 국가의 혜택을 누리는 사람은 누구나 그에 동의하고 있고 법에 복종할 의무를 진다고 말하는 것은 동의의 관념을 너무 멀리까지 확장하고 있는 것으로 보인다.

좀더 최근에 몇몇 정치철학자들은 우리가 선거에 참여할 때 우리는 그로부터 출범하는 정부와 거기에서 제정하는 법들을 준수하는 데 동의하는 것이라고 주장했다. 이 주장은 좀더 유망해 보인다. 우리는 최소한 투표할지 여부를 자유롭게 선택할 수 있으며, 새로 출범한 정부를 합법적인 것으로서 인정하지 않는다면 선거를 시행하는 의미도 없을 것이다. 그러나 안타깝게도 투표행위와 동의 표명 사이에는 여전히 간극이 있는 것으로 보인다. 이를테면 당신이 전적으로 어느 정당과도 의견을 달리하지만, 그래도 한쪽 정당이 다른 쪽 정당에 비해 조금 덜 나쁘다고 생각해서 투표한다면 어떻게 될까? 또는 설령 선거에서 승리한 정당이 그 공약집에서 천명한 포괄적인 정책 패키지에 대해 일정한 의미에서 동의한다고 할지라도 거기에 아주 거슬리는 몇몇 항목이 들어 있다—그것들에 대해 개별적으로 투표할 기회는 없었다—고 생각한다면 어떠할까? 아마도 투표자의 동의는 정부가 왜 합법적인 권력을 지니는지 설명하는 데 도움이 될지 모르지만, 개별 시민들이 왜 법을 지킬 의무를 져야 하는지에 대해서는 설명할 수 없을 것이다.

만약 우리가 동의 접근법을 제쳐둔다면, 그러한 의무가 존재한다는 것을 보여주는 좀더 유망한 방법은 공정성 혹은 '페어플레이'에 호소하는 것이다. 여기서도 한 가지 사례를 들어보면 그 기본적인 생각을 전달하기 쉬울 것이다. 나를 포함하는 어떤 집단이 주방을 함께 쓰는 집에 살고 있다고 해보자. 거주자들 가운데 한 명이 매주 한 번씩 주방을 정돈하고 프라이팬이나 싱크대를 말끔히 닦아놓는다. 이제 나 이외의 사람들은 청소 당번을 마쳐서 내가 30분 동안 스튜 냄비를 설거지하고 싱크대를 닦을 차례다. 나는 왜 그런 일을 해야 할까? 나는 다른 사람들이 그 일을 한 덕에 혜택을 입었으며—깨끗한 주방에서 저녁을 준비할 수 있었다—, 그래서 나도 (이 경우에는 약간의 육체노동이라는) 비용을 분담해야 한다. 만약 내가 내 차례의 일을 하지 않는다면, 나는 다른 거주자들을 부려먹는 셈이 되고 그것은 불공정하다. 주의할 것은 여기서 내가 청소

순번에 참여하는 데 동의하거나 합의했다고 가정할 필요는 없다는 점이다. 나의 의무는 각자가 차례로 기여할 필요가 있는 실천의 수익자라는 사실로부터 직접 유래한다.

그렇다면 이 생각을 정치적 의무 쪽으로 옮겨갈 수 있을까? 법을 지키는 것과 좀더 일반적으로 정치권력에 순응하는 것은, 그러지 않았으면 당신에게 유용했을 기회를 포기한다는 것을 의미한다. 우리 각자는 다른 사람들의 권리를 존중하고 세금을 내고 교통 법규를 준수해야 하는 부담으로부터 벗어나 자신이 정말로 바라는 것을 하려 든다. 더 나아가 복종은 다른 사람들에게 이익이다. 당신이 세금을 내면, 우리 가운데 나머지는 세금을 사용한 도로, 학교, 병원에서 혜택을 얻는다. 당신이 빨간불에 멈추면, 파란불에 지나가는 다른 운전자들이 더 안전해진다. 따라서 다른 사람들이 법을 지키고 있다는 사실로부터 이익을 얻는 법위반자는 마치 주방을 이용하면서도 자신의 청소 순번을 지키려고 하지 않는 사람과 똑같은 방식으로 불공정하게 행동하고 있는 것처럼 보인다.

하지만 겉보기는 기만적일 수 있다. 페어플레이 논의가 정치적 의무를 정당화하고자 할 때 극복해야 할 난점이 적어도 두 가지는 있다. 첫번째 난점은 국가가 제공하는 편익이 실제로 모든 사람에게 이득임을 보여주어야 한다는 것이다. 예를 들어 법은 재산을 보호하지만 단지 일부의 사람들만 재산 소유자라고 한다면 어떻게 될 것인가? 또는 많은 사람들이 예술에 아무런 관심도 없는데도 세금이 미술관의 기금으로 사용된다면 어떻게 될 것인가? 하지만 이 논의는 국가에 의해 제공되는 편익의 **패키지** 전체가 모든 사람의 삶을 더 좋게 하는 한에서, 그리고 그 편익이 모든 시민 ─ 그들의 복종이 권력 체계를 가능케 한다─사이에서 합리적인 방식으로 공정하게 공유되는 한에서 효과적일 수 있다. 아마도 내가 미술관을 방문할 일은 없을지도 모르지만, 근처 공원에 있는 무료 축구 경기장은 이용할 것이다.

공정함에 대한 언급과 더불어 우리는 두번째 난점에 직면한다. 앞의 예에서 나는 집을 공유하는 각자가 주방을 거의 동등하게 사용하며, 따라서 청소의 부담을 평등하게 진다는 것을 당연시하고 있었다. 그러나 누군가가 두 주에 한 번만 주방을 이용한다면 어떻게 될 것인가? 그 사람은 나머지 사람들과 똑같은 빈도로 청소를 해야 할까? 우리는 결국 그 사람이 마음만 먹으면 주방을 좀더 자주 이용할 수 있고, 필요한 경우에는 언제든 이용할 수 있으므로 나머지 사람들처럼 청소를 맡아야 한다고 말해야 할까? 아니면 실제 사용빈도에 따라 응분의 부담을 조정하려고 해야 할까? 우리는 이것을 '실질적 공정성'에 관한 물음들이라고 부를 수 있을 것이다. 페어플레이 논의는 그 실천을 둘러싼 비용과 편익이 개별 참가자들 사이에서 공정하게 분배된다는 의미에서 실질적으로 공정한 실천에 적용될 때 가장 효과적으로 작동하는 것처럼 보인다. 그러나 주방과 같은 단순한 예에서 사회 전체로 옮겨가고자 할 때, 우리는 어려움에 빠지게 된다. 사람들이 매우 다양한 욕구와 능력, 선호 등등을 가지고 있다면, 사회적인 비용과 편익의 공정한 분배는 어떻게 될 것인가? 그리고 만약 오늘날의 사회에서 **실제로** 비용과 편익이 분배되는 방식이 이러한 이상에 한참이나 미치지 못한다면(이것은 사실인 듯하지만), 그래도 우리는 모든 사람이 공정한 실천을 유지하기 위해 법에 복종할 의무를 진다고 말할 수 있을까?

그렇다면 정치적 의무의 문제를 내가 지지하는 방식으로 해결하기 위해 제5장에서 다루게 될 사회 정의라는 주제와 씨름할 필요가 있을 것이다. 그러나 우선은 우리 사회가 매우 공정하며, 그래서 우리는 그 구성원들이 법을 지킬 의무를 진다는 것을 보여줄 수 있다고 가정해보자. 이것은 그들의 위법 행위가 절대로 정당화되지 않는다는 것을 의미하는가? 아니면 정치적 의무보다는 다른 원칙들이 더 중요할 수 있는 것인가? 홉스를 포함하는 정치철학자들은 종종 정치권력에 대한 엄격한 복종이 없다면 그 권력은 무너지고 말 것이라고 논해왔다. 그러나 실제적으로는 국가나 그 밖의 형태의 정치권력은 사람들이 (보편적이라기보다는) 대체로 권력에 복종하고 싶어하는 한에서 존속하고 효과적으로 기능할 수 있는 것으로 보인다. 그리고 이것은 제한된 형태의 불복종, 특히 **시민 불복종**—이는 불법적이지만 비폭력적인 형태의 정치적 저항이며, 그 목적은 정부에 대해 정책을 변경하도록 압력을 가하는 데 있다—이라고 불리는 것에 문을 열어주는 것으로 보인다. 시민 불복종을 옹호하는 논의는 다음과 같은 것이다. 만약 특정한 법이 매우 불공정하거나 억압적이라면, 또는 국가가 의사결정을 할 때 소수자의 관심사에 귀기울이기를 거부한다면, 법적 수단에 의한 저항이 효과적이지 않을 경우 법을 지키지 않는 것이 정당화될 수 있다는 것이다. 다시 말하면 정치적 의무가 모든 경우에 구속력을 가질 필요는 없다는 것이다. 우리는 법에 복종할 일반적 의무를 지지만, 극단적 상황에서는 불법적으로 행동하는 것이 정당화될 수 있다.

여기서 민주주의는 어떤 차이를 만들어내는가? 시민 불복종은 권위주의 체제에 저항하는 데는 허용 가능한 수단일 수 있지만, 언론의 자유나 평화적 저항권이 인정되는 민주주의 국가에서는 정당화될 수 없다—정치적 의무는 민주주의 국가에서 더욱 엄격하다—는 것이 보통의 견해다. 그러나 이 견해는 민주적 정치권력에는 다른 형태의 정치적 통치와 구별되는 어떤 특별한 것이 존재한다는 것을 함의한다. 이 특별한 면모가 무엇일 수 있는지가 다음 장의 주제다.

제 3 장

민주주의

앞에서 우리는 최소한 대규모의 근대 사회에서 왜 좋은 정부가 정치권력 체계를 수립하고 유지할 것을 요구하는지 살펴보았다. 우리는 왜 정치권력이 필요한지에 대해 홉스의 사상을 모범으로 삼아 이해해왔는데, 홉스는 절대적 주권자를 창출하는 것이 필수적이라고 생각했다. 절대적 주권자는 그 명령이 어떠한 세속적 제한(홉스는 주권자가 여전히 신에 대한 의무를 지고 있다고 믿었다)에도 구애받지 않는, 권력의 분할되지 않는 원천이다. 이 주권을 쥐는 주체가 단 한 명의 인간(즉 군주)이라는 것이 필수적인 것은 아니었지만, 홉스는 군주정이 바람직하다고 생각했다. 왜냐하면 군주의 의지는 일정하고, 의회와는 달리 내적 분열에 빠지는 일도 없다고 생각했기 때문이다. 그러나 이 점에 관한 홉스의 견해는 그가 집필한 바로 그 순간부터, 자연 상태에서의 안정성 결여를 신민의 생명과 재산을 자기 마음대로 처분할 수 있는 전능한 군주를 내세움으로써 해결한다는 것이야말로 단적으로 나쁜 상태에서 더나쁜 상태로 돌려놓는 것일 뿐이라고 생각한 사람들에 의해도전받았다. 존 로크가 잊을 수 없는 방식으로 언명하듯이, 그도전은 다음과 같이 가정한다.

사람들은 아주 어리석어서 폴캣이나 여우에 의해 가해질 수 있는 위해를 피하고자 신경쓰지만, 사자에 의해 잡아먹히는 것을 감수하거나 아니 그것이 안전하다고 생각한다.

이러한 비판에 대한 홉스의 유일한 방어는 현명한 군주라면 자신의 신민이 번영하기를 바랄 것이라고 말하는 것이었다. 왜냐하면 군주 자신의 힘이 결국에는 그 신민의 번영에 의존하기 때문이다. 그러나 역사 기록을 살펴보면, 우리는 이로부터 현명한 군주는 거의 없었다는 결론을 내릴 수 있을 것이다. 정치권력은 사람들이 안전하고 행복한 삶을 누릴 수 있는 조건을 제공하기 때문에 정당화되며, 정치권력이 그러한 것을 제공한다는 것에 관해서 우리는 가능한 한 확증을 갖고 싶어한다. 모든 것을 절대군주에게 의탁하는 것은 단적으로 말

해서 너무 위험하다. 그 대안으로서 우리는 지혜롭고 유덕하
며 민중의 이익을 최우선시한다고 알고 있는 사람들이 권력
을 쥐게 하자고 제안할 수도 있을 것이다. 이것이 말 그대로
는 '최선자의 통치'를 의미하는 귀족정(aristocracy)을 지지하
는 논의인데, 최소한 19세기 중반까지 대다수의 정치철학자
가 이 논의에 납득하고 있었다. 하지만 문제는 통치자의 좋음
이라는 것이 정확히 무엇을 의미하는지 결정하는 것과, 다음
으로는 이 특질을 보여주는 인물들을 선택할 모종의 방법을
발견하는 것이었다. 그것은 쉽지 않다는 것이 판명되었다. 실
제로 귀족정은 때와 장소에 따라 각각의 가문이 좋고 유복하
며 교양 있는 계급에 의한 통치를 의미했다. 비록 우리가 이
계급 출신의 사람들은 다른 계급 사람들에게는 없는 정치적
기술을 가지고 있음을 보여줄 수 있다고 하더라도, 여전히 그
들이 대다수 민중의 이익과는 분리된 그들 자신만의 이해관
계를 지닌다는 문제가 남았다―그들이 공동선을 희생하고서
자신들의 이해관계를 추구하지는 않을 것이라고 어떻게 믿
겠는가?

그래서 정치권력을 민주적으로 구축해야 한다는 주장에 힘
이 실렸고, 그 주장은 두 가지 기본적인 전제에 근거했다. 첫
째, 누구든 다른 사람보다 자연적으로 우월하지 않으며, 따라
서 그들 사이의 권력관계는 어떠한 것이든 정당화될 필요가

있다. 다시 말하면 불평등해지는 것에서 모든 사람이 이익을 얻는다는 것이 제시되지 않는 한, 각자는 평등한 정치적 권리를 누려야 한다. 둘째, 민중의 이익은 그들을 정치권력의 최종적인 소재(所在)로 삼음으로써 가장 잘 보장된다. 즉, 특별한 힘을 위임받은 사람이면 누구든 민중 전체에 대해 책임을 질 수 있어야 한다. 그러나 이것만으로는 여전히 민중 전체가 통치에서 정확히 어떤 역할을 맡아야 하는지 규정할 수 없다. 그들은 루소가 그의 『사회계약론』에서 주장했듯이 입법에 직접 참여해야 하는가? 만약 그렇다면 어떻게 해야 하는가? 아니면 자신들을 위해 권력을 행사할 대표자를 선출하는 방식으로 한 걸음 떨어져 참여해야 하는가?

잘 알려져 있듯이, 우리가 민주주의라고 부르는 정치 체제는 실제로는 통치에서 매우 제한된 역할만을 시민들에게 부여한다. 시민들은 주기적인 선거에서 투표권을 행사할 수 있다. 그들은 때때로 헌법상의 중대한 문제를 결정해야 할 때 국민 투표라는 형태로 의견을 표명하게 된다. 그리고 자신들과 관련된 쟁점들에 관해 자신들의 대표자에게 영향력을 행사할 단체를 조직하는 것이 허용된다. 하지만 그 정도가 그들이 가진 권력의 한계다. 민주 사회의 미래를 결정하는 진정한 힘은 극소수 사람들―정부 각료나 관료, 그리고 어느 정도의 범위로 한정된, 의회나 여타 입법 기관의 구성원들―의 수중에 있

5. 베이징 천안문광장에서 마오의 초상화를 바라보는 민주주의의 여신.

다. 그리고 왜 그렇게 되어 있는지 묻는 것은 자연스러운 일이다. 만약 민주주의가 정치적 결정을 내릴 수 있는 최선의 방법이라면, 왜 민중 자신들에게 주요한 문제들을 직접 결정하게 함으로써 민주주의를 현실로 만들지 않는 것인가?

이 점에 관해서 종종 제시되는 한 가지 답은 수백만의 평범한 시민들이 오늘날 정부가 내려야 하는 엄청난 수의 결정을 내리는 데 참여하는 것은 단적으로 말해서 비현실적이라는 것이다. 만약 그런 일을 시도한다면, 정부가 마비될 뿐만 아니라 대다수 사람들이 정치보다 중요하다고 생각하는 다른 일들에 쏟을 시간이 사라지고 말 것이다. 그러나 이 해답은 불충분한 것이다. 왜냐하면 시민들이 일반적인 정책 결정을 하고 나서 그 세부적인 이행은 장관이나 다른 사람들에게 맡기는 것을 상상하기는 어렵지 않기 때문이다. 전자 기술의 혁명적 발전으로 이제는 전쟁과 평화, 과세와 공적 지출, 동물 복지 및 환경 문제 같은 광범위한 문제들에 대해 시민들의 견해를 묻기가 아주 쉬워졌다. 그렇다면 왜 이런 일은 국민 투표라는 드문 기회에만 행해지는 것일까?

그 이유로는 보통사람들에게는 정치적 결정의 배후에 놓인 쟁점들을 이해할 **능력**이 단적으로 없으며, 그래서 이러한 사안을 다루는 데 더 뛰어난 자질을 갖춘 것으로 보이는 사람들에게 기꺼이 결정을 맡긴다고 하는 널리 퍼져 있는 믿음을 들 수 있다. 이것을 보란듯이 밝힌 견해를 조지프 슘페터의 저작『자본주의, 사회주의, 민주주의』(1942)에서 발견할 수 있다. 슘페터는 이 저작에서 시민들 스스로가 쟁점들을 직접 결정하려 드는 것이 아니라 자신들을 대표할 일군의 지도자를 선출하는 것이 그 소임이라고 논했다. 그는 예를 들어 경제상의 거래에서 사람들은 스스로의 결정 결과를 직접 경험하는—만약 결함 있는 제품을 구매했다면 자신의 실수를 곧바로 깨닫게 된다—것과 달리, 정치적 결정의 경우에는 그러한 피드백 메커니즘이 없으며, 그 결과 사람들은 현실과의 접촉을 상실하고 무책임하게 행동한다고 주장한다.

그리하여 전형적인 시민은 정치 영역에 들어서자마자 그 정신능력이 더 낮은 수준으로 떨어진다. 그는 자신의 진정한 이해가 걸린 영역에서 스스로도 유치하다고 곧바로 인정할 만한 방식으로 논의하고 분석하게 된다. 그는 또다시 원시인이 되는 것이다.

이것은 강력한 논의다. 그리고 이 논의가 진정으로 시사하는 바는 우리가 바랄 수 있는 최선의 것이란 종종 '선출된 귀족정'이라고 불리는 것이다. 거기서 보통의 시민들에게 요구되는 것은 다만 그들이 자신들을 대신해서 결정을 내릴 만한 능력을 갖춘 사람들을 알아볼 수 있어야 한다(그리고 만약 그 사람에게 그럴 능력이 없다고 판명된다면 투표로 직무에서 물러나도록 해야 한다)는 것이다. 다른 어떤 장점이 있다고 하더라도, 그러한 체제는 정치권력이 민중 전체의 수중에 있어야 한다는 민주적 이상과 좀처럼 어울리지 않는다. 그렇다면 우리는 슘페터의 회의주의에 반응해서 무엇을 말할 수 있는가? 정치적 결정에 이르는 과정에 대체 무엇이 들어 있는지 좀더 자세히 살펴보자.

정치적 결정은 본질적으로 몇 가지 선택지가 열려 있고 어떤 선택지가 최선인지에 대한 합의가 부재한 상황에서 무엇을 해야 하는지에 관한 정치적 **판단**을 필요로 한다. 그러한 판단에는 어떤 요소들이 포함될까? 무엇보다도 우선 하나의 또는 그 밖의 선택지가 선택되면 무슨 일이 생길 것인지에 대한 사실적 정보가 꼽힌다. 예를 들면, 특정한 세금을 인상하면 경제에 어떤 영향을 미칠 것인가 하는 것이다. 둘째로, 그 결정으로 영향을 받게 될 사람들이 실제로 선호하는 것에 대한 정보가 꼽힌다. 새로운 스포츠 시설의 기금을 마련하기 위해 세금 인상을 고려하고 있다고 가정해보자. 그 경우 얼마나 많은 사람이 실제로 이런 시설을 원하고 있으며, 또한 어느 정도나 강하게 원하고 있을까? 셋째로, 도덕적 원칙에 관한 물음들이 꼽힌다. 스포츠 시설을 위한 세금이 모든 사람에게 부과되는 것은 **공정**한가? 아니면 그 시설을 이용하려는 사람들이 비용을 부담해야 하는가?

정치적 판단을 내리는 데는 대개의 경우 이 세 가지 요소가 모두 포함될 것이다. 물론 그 비율은 경우마다 다르겠지만 말이다. 주로 기술적인 쟁점인 경우에는 일단 해당 사안의 사실적 문제에 대한 의견 일치가 이루어진다면 결정은 아주 간단히 내려질 것이다. 예를 들어 신약을 인가하기 전에 우리는 그것이 적절한 검사를 거쳐 안전하다고 입증되었는지 알고 싶어하지만, 그것이 일단 완료되었다면 인가는 정해진 수순일 뿐이다. 도덕적 원칙이 중심이 되는 경우도 있다. 특정한 범죄들에 대해 사형을 채택할지 유보할지에 관한 논쟁을 생각해보자. 여기서도 사실적 정보는 중요하다. 이러한 종류의 범죄들에 대해 사형은 얼마나 효과적인 억제책으로 입증될 것인가? 무고한 사람들이 유죄 판결을 받을 가능성은 어느 정도인가? 그러나 대다수 사람들에게 핵심 쟁점은 과연 처벌이라는 형태로 다른 인간의 생명을 빼앗는 것이 도덕적으로 허용될 수 있는가 하는 것이다.

판단을 내리기가 가장 어려운 것은 세 가지 요소를 모두 포함하는 물음들에 대한 것이다. 여우 사냥을 허용해야 하는지 금지해야 하는지를 둘러싸고 현재 영국에서 벌어지고 있는 논쟁을 살펴보자. 여기에는 사실적 문제가 관련된다. 여우 사낭은 여우 개체 수를 통제하는 데 얼마나 기여하는가? 전면적 금지가 농촌 경제에 미치는 효과는 무엇인가? 또한 선호의 문제도 관련된다. 현재 여우 사냥을 하는 사람들에게 이를테면 오솔길을 따라 개와 산책하는 것보다 여우 사냥을 계속하는 것이 얼마나 더 중요한가? 그리고 시골의 다른 주민들은 사냥이 존속되기를 바라는가, 아니면 말이나 사냥개가 그들의 밭을 짓밟고 울타리를 훼손하는 것에 그만 질려버린 상태인가? 그리고 마지막으로 도덕적인 문제가 있다. 개인의 자유에는 여우 사냥을 할 권리도 포함되는가? 아니면 여우나 그 밖의 동물들은 죽임을 당하지 않을 권리를 포함하는 권리들을 지니는가? 대다수 사람들은 결론에 이를 때까지 이러한 문제들을 모두 고려하고자 할 것이다. 이것이 바로 이 쟁점에 대해 합리적인 판단을 형성하기가 어려운 이유다. 물론 실제로 사람들은 이와 같은 쟁점들에 대해 완고한 견해를 갖고 있지만, 아마도 이것은 바로 정치적 문제에 관해 보통의 시민들이 가지고 있는 능력의 수준을 낮게 보는 슘페터의 언급이 옳다는 것을 입증하는 셈일 것이다.

그러나 이제 보통의 시민들을 대표하도록 선출된 사람들이 과연 시민들보다 더 잘 결정할 것이라고 기대할 수 있는지 어떤지를 정치적 판단에 포함된 세 가지 요소를 차례대로 들면서 검토해보자. 현대 사회에서 정치적 의사 결정을 할 때 부닥치는 커다란 어려움 가운데 하나는 해당 사안에 관해 전문가들만이 제공할 수 있는 사실 정보를 필요로 하는 판단이 많다는 점이다. 이 점은 과학적인 사항이 문제시될 때 명백히 그러한데, 이것은 경제적·사회적인 많은 쟁점에도 적용된다. 그 경우에 제안된 새로운 법률이나 정책이 어떤 결과를 가져올 가능성이 있는지 판정하는 것이 문제이기 때문이다. 예를 들어, 대마초를 합법화하면 헤로인이나 여타 중독성 마약을 복용하는 사람들의 수는 늘어날까 줄어들까? 그러한 물음들에 대한 답은 명확하지 않으며, 선거로 뽑힌 정치인이나 관료라도 일반적으로 그런 물음들에 답하는 데 우리보다 전문 지식을 더 많이 가지고 있지는 않다. 우리와 마찬가지로 그들도 나름의 전문 지식을 갖춘 사람들의 의견에 기대야 하며, 그러한 의견들 사이에 차이가 있을 때 누구를 더 신뢰할 수 있는지 그들은 판단을 내려야 한다. 이런 점에 관해서 선출 귀족정이 일반 대중보다 더 나은 판단을 내릴 것으로 생각할 이유는 없다.

다음 요소는 사람들의 선호가 무엇이며, 그것이 얼마나 강한지를 발견하는 것이다. 그리고 여기서 우리는 민주주의가 결정적 이점을 지닌다고 생각할 수 있을 것이다. 왜냐하면 결정이 민주적으로 이루어질 때 모든 사람이 결정에 기여할 기회를 갖기 때문이다. 그럴 경우에 서로 다른 사회 계급, 서로 다른 민족적·종교적 배경을 지닌 사람들의 견해나 선호가 모두 청취될 수 있을 것이다. 하지만 오늘날 영국을 통치하는 정치 계급은 대개 백인, 남성, 중간 계급으로 이루어져 있다. 물론 의회 의원들을 비롯한 입법자들은 유권자들의 견해에 귀를 기울일 것으로 상정되지만, 현실적으로 그들은 매우 높은 정도의 독립성을 누린다—그들이 특정한 방식으로 의결하도록 압력을 받고 있다고 하더라도 그 압력은 그들을 선출한 사람들이 아니라 그들의 소속 정당으로부터 나온다. 그래서 만약 우리가 결정에 따르게 될 사람들의 선호를 정치적 결정이 존중하기를 원한다면, 우리는 사회적으로 대표성이 없는 극소수의 사람들이 아니라 민중 전체에게 귀를 기울여야 하는 것이 아닐까?

그러나 서둘러 그러한 결론으로 치닫기 전에 고려할 필요가 있는 곤란한 문제가 있다. 다수자가 하나의 정책을 지지하지만, 이것과는 다른 정책을 지지하는 소수자가 존재하여 다수자보다 자신들이 지지하는 정책에 대해 훨씬 더 강한 관심을 기울이는 정치적 쟁점이 있다고 가정해보자. 이런 종류의 사례는 자주 나타나는데, 여우 사냥 논쟁이 좋은 예일 수 있다. 대다수 사람들은 비록 동물의 권리에 대해 확고한 도덕적 견해를 가지고 있지 않을지라도 여우 사냥에 대해 상당히 부정적인 생각을 가지고 있다. 그들은 여우 사냥을 시대착오적이고 속물적인, 일반적으로 혐오감을 불러일으키는 구경거리

6. 민주주의를 북돋우는 한 가지 방법: 정치인을 경계하라!
   (데이비드 로 풍자화, 1933년 9월 5일)

로 여긴다. 기회가 주어진다면 그들은 그것을 금지하는 데 표를 던질 것이다. 여우 사냥을 하는 사람들 자체는 소수자이지만, 대개는 사냥을 계속할 수 있어야 한다고 매우 강하게 느끼고 있다. 많은 시골 공동체에서 그것은 중요한 사회적 행사이며, 사람들의 생계가 거기에 달려 있다. 여우 사냥에 관한 정치적 판단은 양편의 선호의 **수적 우열**뿐만 아니라 그러한 선호의 **강도**도 고려해야 한다. 미온적인 다수자가, 어떤 경우에도 열성적인 소수자를 무시해서는 안 될 것으로 보인다.

이와 같은 사례에서 왜 선출된 대표자들이 일반 대중보다 더 나은 판단을 내릴 가능성이 있다는 것일까? 한 가지 이유는 그들이 해당 쟁점에 대해 강하게 느끼는 소수자 구성원들에게 압력을 받을 가능성이 더 크다는 것이다. 소수자의 주장에서 나타나는 모종의 강한 감정을 알게 될 때, 대표자들은 설득되거나 혹은 바로 다음 선거에서 표를 잃지 않는 데만 관심을 가질지도 모른다. 더 나아가 소수자 집단은 서로의 요구를 지지한다는 합의에 의해 힘을 합칠 수 있고, 그리하여 몇 가지 쟁점에서 협력함으로써 하나의 다수자 연합이 출현할 수 있다. 대의 민주주의에 관한 이러한 해석은 때때로 다원주의라고 불리는데, 그것은 사람들이 스스로에게 절실한 이해관계나 선호를 옹호하기 위해 집단을 형성하게 될 것이며, 로비 활동 이외에 시위를 하거나 심지어는 불법적인 형태의 저항 운동에 참여하는 식으로 벌이는 그러한 집단의 활동에 의사 결정권자들이 반응할 것이라는 가정에 근거한다.

확실히 이 같은 다원주의적 해석은 일리가 있지만, 정치학자들은 그에 대해 회의적인 경향을 보여왔다. 왜냐하면 집단에 의한 압력은 쟁점에 관심을 기울이는 사람들의 수나 그러한 관심이 얼마나 강한가 하는 것뿐만 아니라 그 집단이 얼마나 잘 조직화되고 자원을 가지고 있는지에도 달려 있기 때문이다. 이로써 특정한 이해관계에 있는 사람들이 처음부터 유리해진다. 가장 두드러지게는 비즈니스상의 이해관계에 있는 사람들인데, 그들은 자신을 대신해 로비 활동을 할 수 있는 설득력 있는 대변자를 고용할 수 있고―심지어는 선출된 대표자에게 직접 도움을 청할 수도 있다―, 또한 자신들의 바람이 충족되지 않으면 끔찍한 결과가 초래될지도 모른다고 대표자를 위협할 수도 있을 것이다. 그렇다면 대의제 아래에서 소수자는 의견 청취의 대상이 되겠지만, 결코 모든 소수자가 같은 정도로 그리되지는 않는다.

이제 다수자와 소수자가 서로 다른 선호를 지니는 어떤 쟁점에 대해 대중 전체가 투표해야만 한다면 어떤 일이 일어날지 대의제의 경우와 비교해보자. 로비 활동이 겨냥할 만한 중심점이 없을 것이고, 그래서 어떤 집단도 그 구성원들과 영향력이 미치는 한 가장 많은 대중 사이의 직접적 접촉에 의지해야만 할 것이다. 풍부한 자원을 가진 집단은 그것을 사용해 미디어 캠페인을 벌일 수 있을 것이다—물론 이것은 오늘날 많은 민주 국가에서 선거 비용이 제한되는 것과 같은 방식으로 제한될 수 있을 것이다. 직접 민주주의 버전에서 그런 집단은 대의제에 비해 영향력이 더 떨어질 것이다. 그래서 일반적으로 우리는 이러한 종류의 체제하에서 소수자 집단이 힘이나 영향력에 덜 의지하게 되고 설득에 더 의지할 수밖에 없을 것이라고 말할 수 있다. 그런 집단이 얼마나 잘 해나갈지는 주로 다수자의 구성원들이 그런 집단의 관심사에 기꺼이 귀기울여 (아마도 타협책을 발견함으로써) 자신들의 견해를 바꾸는 방식으로 거기에 응할지 여부에 달려 있을 것이다. 나는 민주적 의사 결정에서 토론이 맡아야 할 결정적인 역할에 대해서는 뒤에 가서 간략하게 언급할 것이다. 그러나 그전에 우리는 정치적 판단에서의 세번째 요소, 즉 도덕적 요소를 살펴볼 필요가 있다.

도덕적 원칙은 낙태나 동성애의 합법화와 같은 '도덕적 쟁점'이라고 불리는 것뿐만 아니라 거의 모든 정치적 결정과 관련되어 있다. 전형적으로 그 물음은 제기된 법안이 모든 개인이나 모든 집단을 공정하게 다루는지, 또는 그것이 그런 사람들의 권리를 침해하는지 여부다. 정치에 종사하는 계층의 구성원들은 이 점에 관한 원칙에 대해서 평범한 시민들보다 더 깊은 지식을 갖추고 있는가? 그렇다고 주장하기는 어렵다. 종종 말해지듯이 도덕 전문가는 존재하지 않는다. 사실 민주 사회에서 정치 생활을 지배할 기본 원칙에 대해서는 광범위한 합의가 존재할 수 있다. 따라서 만약 시민들이 직접 쟁점을 결정하도록 요청받는다면, 그들이 현재 자신들을 대표하도록 선출한 사람들에 비해 도덕적 근거에 따른 결정을 제대로 내리지 못할 것으로 생각할 만한 이유는 없다.

　그러나 우리는 이러한 정치적 판단의 세 가지 요소를 정말로 분리할 수 있는가? 아니면 정치적 전문성이라는 것은 바로 정치적 딜레마에 대한 최선의 해결책을 찾기 위해 관련된 사실 정보, 시민의 이해관계와 선호에 대한 지식, 그리고 도덕적 원칙을 **결합**할 수 있는 능력인가? 확실히 이런 문제제기는 일리가 있다. 정치적 결정들은 종종 내리기가 어렵다. 모종의 복잡한 정보에 정통하거나, 미묘하게 균형을 이룬 두 가지 도덕적 논의를 비교 평가하는 일이 요구된다. 정치적 결정을 자주 내려야 하는 사람들은 그렇게 함으로써 점점 더 나아진다. 하지만 그렇다고 그들이 다른 사람들에게는 없는 어떤 특별한 능력을 타고났기 때문이 아니다. 대중에 속하는 극히 평범한 구성원들에게 어떤 문제를 주의깊게 생각하는 데 필요한 시간과 정보를 준다면 그들 역시 잘 해낼 것이다. 그러지 못할 것이라고 상정할 만한 이유는 없다. 이를 뒷받침하는 근거가 있다. **시민 배심원단**(citizens' juries)이라는 것이 있는데, 그 구성원이 일반 대중으로부터 무작위로 선발되어 보건 정책이나 교통 계획 같은 쟁점에 대해 논의하고 권고하는 소규모 위원회다. 그들은 평결에 이르기 전에 정보를 제공할 수 있는 전문가 참고인을 부르거나 서로 입장이 다른 대변자들의 의견을 듣기도 하면서 쟁점들을 놓고 위원회 안에서 토론한다. 참관인들이 받은 인상은 그들의 논의가 대단히 진지하고 사려 깊으며 결론도 매우 합리적이라는 것이었다.

그렇다면 우리는 민주 사회에서 보통의 시민들을 상대로 하는 인터뷰나 설문 조사에서 정치적 지식의 수준이나 관심이 낮게 나타나는 것을 어떻게 설명할 수 있을까? 전형적으로 그들은 지도적인 정치인의 이름을 말하지 못하고, 주요 정당들의 정책이 어떻게 다른지도 설명하지 못하는 등의 모습을 보인다. 한 가지 설명은 현행 민주주의가 사람들에게 정치적 지식이나 기능을 획득할 동기를 거의 제공하지 않는다는 것이다. 그들에게 요구되는 것은 그저 4년이나 5년에 한 번씩 정당을 선택하는 정도이며, 그런 종류의 결정을 내리기 위해 정치에 관해 많이 알 필요가 없다. 정책의 세세한 사항들을 이해하는 것은 보통 별 의미가 없다. 그래서 우리는 닭과 달걀의 문제에 직면한다. 좋은 판단을 내리기 위한 경험과 정보를 갖지 못한 일반 대중에게 중요한 정책 결정을 맡기는 데는 위험이 따른다. 하지만 그들에게 중요한 결정을 맡기지 않는다면 그들은 이러한 경험과 정보를 획득할 동기를 갖지 못한다.

우리는 평범한 시민들의 정치적 역할이 주로 선거 때 투표하고 이따금 뭔가 특별한 이해가 걸릴 때 행동하는—예를 들면 그들의 뒷마당으로 도로가 새로 뚫리거나 주택이 들어서기로 한 것에 대응하는—식으로 제한되는 가운데 우리의 민주주의가 불완전한 채로 머문다는 사실에 대해 우려해야 할까? 나는 우려해야 한다고 생각한다. '천치'를 의미하는 영단어 'idiot'은 그리스어 'idiotes'에서 유래했는데, 그것은 본래 완전히 사적인 존재로 살며 도시국가의 공적 생활에 전혀 참여하지 않는 사람을 가리키는 말이었다. 그렇다면 현대인은 자신의 정치적 지성을 발휘하지 못하는 않는 한, 대개는 천치들인 셈이다. 루소는 정치권력을 선출된 대표자들에게 전적으로 넘겨줘버리는 것은 근대의 치명적인 관행이라고 생각하고 다음과 같이 말했다.

영국 민중은 자신들이 자유롭다고 상상할 때 스스로를 기만한다. 그들은 사실상 의회의 의원들을 선출하는 동안에만 자유롭다. 왜냐하면 새로운 의원이 선출되자마자 그들은 다시 사슬에 묶이고 아무것도 아니게 되기 때문이다. 그리하여 그들은 자유를 아주 짧은 동안에 사용함으로써 그것을 잃게 된다.

우리는 비록 여기서 루소가 과장하고 있다고 생각할지라도, 현대 민주주의 체제에서 시민들 대다수가 자신들이 선출한 지도자의 활동을 계속해서 효과적으로 감시하는 일에 대해서조차 너무 무관심하다는 점에 유의해야 한다. 우리는 지방 정치에 대한 참여나, 시민 배심원단과 그 밖의 유사한 기관에 참여할 대중 구성원을 무작위로 선출하는 것과 같은 참여의 형식을 발전시킴으로써 모든 사람에게 능동적인 시민으로서의 생활 양식(citizenship)의 경험을 제공할 필요가 있다. 이러한 방식으로 획득되는 경험에 의해 민중의 능력이 일반적으로 향상되고 그들이 정치적 사안들에 대해 지속적으로 관심을 가질 가능성이 높아진다. 우리가 발견한 것은, 민주주의란 전부 아니면 아무것도 아닌 문제가 아니라 민중 전체에게 국가적 사안에 대한 최종적 권위를 부여하려는 지속적인 싸움을 의미한다는 것이다.

그러나 이제 우리는 다수자와 소수자라는 해결되지 않은 쟁점으로 돌아가야만 한다. 왜냐하면 비록 민주주의를 간단명료하게 '민중에 의한 통치'라고 생각할지라도 실제로 결정이 내려져야 할 때 그 결정을 내리는 것은 보통 다수자이기 때문이다(사실 선거에서는 종종 투표자의 과반수 이하의 지지를 얻은 정당이 승리한다). 최선의 정책의 채택과 관련해서도 전원 일치

7. 장 자크 루소, 민주주의의 철학자.

의 합의가 이루어지리라는 보장이 없기 때문에, 결정을 내리는 방법의 하나로서 다수결이라 것은 피할 수 없어 보인다. 그러나 결국 표결에서 패하게 될 사람들에 대해서는 무엇을 말할 수 있을까?

처음에는 그 패배자들이 정당하게 불만을 제기할 수 없는 것처럼 보일 것이다. 결국 그들의 표는 다수자의 표와 평등하게 계산되었으며, 그들의 표에 **더 큰** 무게를 부여하는 것은 앞에서 보았듯이 민주주의 그 자체의 배후에 놓여 있는 정치적 평등의 이념을 훼손하게 될 것이다. 하지만 그것이 문제의 끝은 아니다. 특별히 소수자가 다수결 원칙이 정치적 평등을 **훼손**한다고 느낄 수 있는 두 가지 상황이 존재한다. 하나는 우리가 이미 마주친 것인데, 다수자 편에 서서 투표하는 사람들은 그 결정에 의한 영향을 별로 받지 않거나 거기에 걸려 있는 이해관계가 비교적 약하지만 소수자를 형성하는 사람들은 그렇지 않은 경우다. 머릿수는 평등하게 헤아려졌다고 하더라도 선호나 이해관계는 그렇지 않은 것처럼 보인다. 두번째 상황은 표결이 이루어질 때마다 특정한 집단이 반복해서 소수자가 된다는 것이 드러나는 경우다. 어떤 라켓 클럽이 있고 거기에서는 열심히 테니스 경기를 하는 사람들의 수가 많고 역시 열심히 스쿼시 경기를 하는 사람들의 수는 상대적으로 적은 경우를 상정해보자. 클럽의 자금을 어느 쪽 코트를 개선하는 데 쓸지를 놓고 투표가 이루어질 때마다 스쿼시 쪽이 진다고 상상해보자. 우리는 이러한 배치가 각각의 구성원을 평등하게 처우하지 않으며, 따라서 스쿼시 경기자들이 때때로 자기 뜻을 이루는 경우보다 덜 민주적이라고 생각할 수 있다. 다시 말하면 **열성적** 소수자라는 문제와 **지속적** 소수자라는 문제가 있는 것이다.

이런 문제들은 민주주의 체제에서 어떻게 다루어질 수 있을까? 우리가 취할 수 있는 접근법은 대체로 두 가지다. 첫번째는 소수자들을 보호하는 것과 같은 방식으로 다수결 원칙의 범위를 제한하도록 헌법을 설계하는 것이다. 예를 들어 헌법은 모든 시민이 누려야만 하는 권리의 목록을 포함할 수 있다. 이 가운데 어떤 권리를 침해할 수 있는 법률이나 정책 결정이 제안된 경우에 그것은 위헌이라 해서 배제될 것이다. 따라서 현재 고려되고 있거나 잠정적으로 채택된 조처가 헌법 위반인지 여부를 판정할 수 있는 권력이 부여된 특수한 기관, 보통은 헌법재판소가 존재해야 한다. 그 경우 다수자가 무엇을 결정하든, 모든 소수자는 헌법에 명시된 자신들의 기본권이 침해될 수 없다는 보장을 받게 된다.

이와 같은 제도들은 종종 비민주적인 것으로서 비판된다. 왜냐하면 그것들은 예를 들어 판사들의 소규모 위원회에 시민 대다수가 표명한 의사를 물리칠 권리를 부여하고 있기 때문이다. 그러나 헌법 자체가 민주적 절차에 의해 채택되는 사례를 상상하기는 어렵지 않으며, 현실 세계의 헌법은 대개 수정을 위한 조항을 마련하고 있고, 수정이 통과될 수 있으려면 보통 유권자의 단순 과반수 이상의 지지 투표가 필요하다. 그렇다면 왜 사람들은 장차 자신들이 다수결을 행사할 수 있는 권한을 제한하는 헌법에 찬성 투표를 할까? 그들이 그렇게 하는 것은 당연하다. 왜냐하면 사람들은 자신의 권리 가운데 특정한 것이 보장되기를 원할 것이고, 자신들이 향후 인기 없는 소수자의 일부가 되지 않으리라는 확증이 없기 때문이다. 종교의 자유를 예로 들어보자. 종교적 신념을 지닌 사람은 누구나 자신이 믿는 특정한 종교에 대해 사회의 다수자가 강하게 반대할지라도 자신의 종교를 안심하고 실천할 수 있기를 보장받고자 한다. 어떤 종교가 장차 다수자의 분노를 초래하게 될지 예상하기란 쉽지 않다. 그래서 헌법에 신앙의 자유를 포함시킴으로써, 신앙을 가진 사람들은 그런 보장을 획득할 수 있다.

　소수자들을 보호하기 위한 또다른 헌법적 장치는 일군의 서로 다른 쟁점들을 결정할 수 있는 분리된 선거구들을 신설하는 것이다. 이것은 예를 들어 연방제에서 이루어지는데, 그 체제에서는 주민들이 특별히 관심을 갖는 쟁점들에 대해 입법할 권한이 지역이나 주에 부여되고 그 밖의 결정은 중앙 정부에 맡겨진다. 그러나 분리된 선거구라는 것이 반드시 공간적 구분에 기초할 필요는 없다. 스쿼시 경기자들이 불공정한 처우를 받는 라켓 클럽의 예로 돌아가보자. 이 문제에 대한 분명한 해결책은 두 개의 소위원회를 만드는 것이다. 하나는 테니스 코트를, 다른 하나는 스쿼시 코트를 맡도록 하여 양쪽에 클럽의 연간 예산 일부를 배분하는 것이다. 여기서 소수자는 자신들이 가장 관심을 기울이는 쟁점들에서 다수자가 됨으로써 보호받는다.

하지만 모든 소수자 문제가 이런 헌법적 장치들에 의해 해결될 수 있다고 생각하는 것은 순진한 처사다. 여우 사냥 쟁점이 그것을 너무도 명백하게 드러낸다. 여우 사냥을 하고 싶어 하는 사람들은 단순히 헌법상의 권리에만 호소해서는 스스로를 변호할 수 없다. 왜냐하면 어떠한 헌법도 동물을 사냥할 수 있는 무제한의 권리를 내포할 가능성은 거의 없기 때문이다. 나는 정부가 침해할 수 있는 권리를 갖지 못하는 개인적 자유의 영역을 어떻게 확립하면 좋을지에 대해 다음 장에서 좀더 자세히 살펴보고자 한다. 그러나 그런 논의에 사냥의 권리가 포함되지 않으리라는 것은 쉽사리 이해할 수 있다. 사냥을 둘러싼 시비는 확실히 다수결의 문제로 보는 것이 적당할 것이다. 왜냐하면 동물 복지나 멸종 위기종의 보호는 둘 다 모든 사람의 관심사가 될 수 있기 때문이다. 또한 여우 사냥은 여우 사냥꾼들만이 결정권을 가져야 하는 쟁점이라고 말함으로써 그들의 견해를 전면에 내세울 수도 없다. 여기에는 라켓 클럽의 경우에 기능했던 분권적 해결책이 공정하게 기능하기에는 서로 충돌하는 이해관계가 너무 많이 얽혀 있다.

그래서 헌법상의 장치는 소수자가 다수자에 의해 고통당하지 않도록 보장하는 중요한 방법임에도 불구하고, 모든 시민을 평등하게 처우할 것을 목표로 하는 민주주의 체제는 더 멀리 나아가야만 한다. 그러한 체제는 기본권이 문제가 아닌 경우들에서도 다수자가 최종적인 결정에 이르기 전에 소수자의 관심을 적절히 고려할 수 있도록 보장하려고 해야 한다. 이를 위한 열쇠가 공개 토론이다. 거기에서 양측은 서로의 입장에 귀기울이고, 가능한 한 양측이 받아들일 수 있는 해결책을 찾으려고 해야 한다. 다시 말하면 다수자를 형성하는 사람들은 토론을 하기 전 단계부터 자신들이 가장 선호하는 해결책에 찬성 투표만 하는 것으로 그쳐서는 안 된다. 대신에 그들은 상대편의 주장을 들어보고 나서 판단을 형성하려고 해야 한다. 때때로 그들은 서로 동의할 만한 일반적 원리를 발견해 더 앞으로 나아갈 수 있을지도 모른다.

그러나 왜 다수자가 이처럼 행동해야 하는가? 대개의 경우 최종적인 해결책이 결정될 때는 다수자 쪽에 자신들이 본래 원했던 것의 일부를 포기하는 사람들이 나타난다. 예를 들어

여우 사냥을 완전히 금지하기를 원하는 데서 출발한 사람들
은 상대편의 주장을 들어보고 나서 적절히 규제만 된다면 사
냥이 계속 허용되어야 한다는 것을 받아들일지도 모른다. 그
러나 만약 당신 편이 다수라면 왜 그런 식으로 물러서야 하는
가? 이유는 두 가지다. 하나는 단적으로 말해서 동료 시민에
대한 존중이다. 당신은 논의되고 있는 특정 사안에 관해 다른
시민들과 의견이 갈릴 수 있다. 하지만 민주주의 체제에서는
그들의 목소리도 평등하게 고려되어야 한다고 상정되며, 그
래서 자신이 결정하기 전에 그들의 목소리에 귀를 기울여야
만 한다―그리고 가능하다면 그들의 의견을 고려한 해결책
을 찾아야만 한다(어떠한 조정도 가능하지 않은 쟁점도 있지만 실
제로는 아주 드물다. 예를 들어 낙태 같은 경우에도 철저한 금지와,
필요하다면 자유롭게 허용하는 것 이외에도 몇 가지 가능성이 존재
한다). 또하나의 이유는 다음번에는 당신이 소수자가 될 수 있
다는 것인데, 그 경우 당신은 상대편 사람들이 **당신의 관심사**
를 고려해주기를 원할 것이다. 다시 말하면 당신은 다수자가
단적으로 소수자를 짓밟는 것이 아니라 결정에 이르기 전에
소수자의 이해관계를 공정하게 고려하려고 애쓰는 민주주의
문화를 증진하는 데에 이해관계를 갖는 것이다.

민주주의는 요구하는 바가 많은 까다로운 일이라는 것이
판명된다. 그것은 사람들이 종종 복잡하고 자신의 일상생활

과는 무관해 보이는 정치적 쟁점들에 관심을 가지기를 요구한다. 그리고 그들이 이러한 쟁점들에 관해 결정할 때 자제하기를 요구한다―특히 소수자 집단을 짓밟아버릴 수 있는 권력을 쥐고 있지만 그렇게 하지 않는 것 말이다. 우리는 우리를 대표하도록 선출한 사람들에게 정치적 결정을 맡기는 것이 더 낫다는 유혹의 목소리에 저항하기는 어려울 수 있다. 그러나 그것에 저항하지 않는다면, 요컨대 정치권력은 결국 시민 전체에 의해 지탱되어야 한다는 생각을 견지하지 않는다면, 우리는 로크가 경고했듯이 마침내 우리를 지배하는 사자들의 먹잇감이 되고 말 것이다.

　민주주의에 대한 이러한 논의는 다음 장들에서 다루게 될 또다른 세 가지 문제를 제기한다. 하나는 심지어 민주적인 정부의 개입으로부터도 보호되어야 할 개인적 자유의 영역이 있는가 하는 문제다. 두번째 문제는 소수자 집단이 공정하게 처우받는 것을 보장하기 위해 과연 모든 시민이 누려야 할 헌법상의 권리들을 넘어서서 그들에게 **특별한** 권리를 부여해야 하는가 하는 것이다. 세번째 문제는 민주주의를 어쨌든 가능케 하는 조건과 관련된다. 특히 사람들이 민주적 헌법에 기꺼이 경의를 표할 만큼 서로 신뢰하고 존중하는 분위기 속에서 쟁점을 논의하고 결정하게 되는 것은 어떤 경우인가 하는 것이다. 다음 장에서는 첫번째 문제를 다루고자 한다.

제 4 장

자유와
정부의 한계

만약 시에나의 화가 암브로조 로렌체티가 타임머신을 타고 현대로 날아와서 이 책에 담긴 정치철학에 대한 그의 견해에 관해 질문을 받는다고 상상해보자. 그 경우에 나로서는 지금까지 언급해온 것들이 그에게는 낯설지 않고 대체로 받아들일 만한 것으로 여길 것이라고 믿는다. 그는 아마도 내가 아나키스트의 사상에 대해 필요 이상의 분량을 들였다고 생각할 것이며, 여우 사냥에 대해 도덕적인 이유로 이의를 제기하는 사람이 있다는 것을 기이하게 여길 것이다. 그러나 정치권력의 본질, 통치자가 시민 전체에게 책임을 질 필요성, 그리고 좋은 정치적 판단에 필요한 것은 무엇인지 등에 대해 우리 사이에 폭넓은 의견 일치가 이루어지고 있음을 발견할 것이다

(나로서는 그렇기를 바란다). 하지만 이 장의 논의에 관해서는 아주 당혹스럽게 여길 것이다. 이 장은 과연 정치의 범위를 넘어서서 보호되어야만 하는 인간 자유의 영역이라는 것이 존재하는지―과연 정부가 절대로 개입해서는 안 되는 인간 삶의 영역이 있는지에 관한 것이다. 이 생각은 우리 시대의 지배적 정치 이데올로기인 자유주의의 핵심 요소인데, 로렌체티가 그 그림을 그리고 있을 당시에는 아직 등장하지 않았다. 물론 로렌체티가 묘사한 좋은 정부도 그 민중에게 상당한 양의 자유를 허용했다. 대체로 그들은 농사와 무역, 사냥 등에 나설 자유를 누렸다. 그러나 이 자유는 이러한 일상생활의 영역들에 개입할 수 있는 정부의 능력에 한계가 있다는 문제였지, 원리의 문제는 아니었다.

제한된 정부라는 이념은 여러 세기에 걸쳐 형성되었으며, 그것이 발전하게 된 최초의 계기는 16세기 유럽의 종교개혁에 뒤따른 종교적 갈등이었다. 그리스도교 사회의 종교 생활에 대한 로마 가톨릭교회의 독점적 지배가 무너졌을 때 나타난 초기의 반응은 각각의 정치 공동체가 가톨릭이든 프로테스탄트든 관계없이 자신의 확립된 종교를 가져야 한다는 생각이었다. 그러나 프로테스탄트 교파가 세력을 키우면서 종교적 관용에 대한 요구를 불러일으켰다. 일정한 한계 내에서 각자는 신에 이르는 자신의 길을 발견할 자격을 부여받았으며, 그러한 추구에 국가는 개입할 권리가 없다고 여겨졌다. 시간이 좀더 지남에 따라 신앙의 자유에 대한 주장은 개인적 자유에 대한—즉, 그 선택이 다른 누군가를 직접적으로 침해하지 않는 한 그 자신의 신념과 삶의 방식을 각자가 선택할 수 있는 권리에 대한—좀더 광범위한 주장으로 확장되었다. 특히 18세기 말과 19세기 초의 낭만주의 운동은 이후의 모든 세대에게 다음과 같은 생각을 남겼다. 즉, 각자는 자신이 어떻게 살아야 하는지를 스스로 선택할 수 있도록 인정받을 때에야 비로소 삶의 참된 성취를 발견할 수 있는 독특한 개인인 것이며, 이것은 새롭고 인습적이지 않은 삶의 방식—새로운 직업, 새로운 예술 표현 양식, 개인적 관계를 만드는 새로운 방식 등등—을 시도할 수 있는 가능한 한 큰 공간을 요구한다는 생각이다. 존 스튜어트 밀은 그의 고전적 텍스트인 『자유론』(이 저작의 실천적 제안에 대해서는 나중에 다룬다)에서 다음과 같이 언급하고 있다.

모든 인간 존재가 하나 또는 적은 수의 유형들로 구성되어야 할 이유는 없다. 어떤 사람이 상당한 양의 상식과 경험을 지니고 있다면, 자신의 생활 양식을 자기 나름의 방식으로 설계하는 것이 최선이다. 왜냐하면 그러한 방식 자체가 최선이기 때문이 아니라 그것이 그 사람 자신의 방식이기 때문이다. 인간은 양(羊)과 같은 존재가 아니다. 그리고 심지어 양도 서로 구별할 수 없을 정도로 비슷하지 않다.

자유주의자들은 이처럼 개인의 자유에는 커다란 가치가 있기 때문에, 정부가 비록 아무리 잘 구성된 것이라고 하더라도 개인의 자유에 개입하는 것은 금지되어야 한다고 주장했다. 좋은 정부만으로는 충분하지 않다. 가장 훌륭하게 구성되고 가장 좋은 의도를 지닌 정부마저도 침해해서는 안 될 개인적 자유의 영역에 개입하려는 유혹을 받을 것이다. 이것에 대해 로렌체티는 아주 기이하다고 여길 테지만, 내가 이 장에서 탐구해보고 싶은 생각이다.

우리가 검토해야 할 두 가지 핵심적 물음이 있다. 하나는 우리가 논하고 있는 자유란 정확히 무엇인가 하는 물음이다. 누군가가 이것이나 저것을 할 자유가 있다거나, 또는 이런 방식으로나 저런 방식으로 살아갈 자유가 있다고 할 때 그것은 대체 무엇을 의미하는가? 또하나는 개인의 자유의 한계란 무엇인가 하는 물음이다. 나의 자유가 그 밖의 모든 사람의 자유를 포함하여 다른 정치적 목표들과 대립할 때 대체 어떻게 하면 좋은가? 이것을 결정할 원리적 방법은 존재하는가?

그러면 자유 그 자체, 즉 수많은 정치철학서의 지면을 채우고 있는 파악하기 어려운 관념에서 시작하자. 우선 한 사람의 자유는 그에게 열려 있는 선택지의 수와, 그 선택지들 사이에서 선택할 그 사람의 능력에 달려 있다고 해보자. 열 개의 상이한 일자리 사이에서 선택할 수 있는 사람은 양자택일을 할 수밖에 없는 사람에 비해 더 큰 자유를 지닌다. 물론 선택지의 질도 중요하다. 두 개의 좋은 일자리에서 선택할 수 있는 것이 열 개의 변변찮은 일자리, 특히 모두가 비슷비슷한 일자리(거리 청소, 사무실 청소, 화장실 청소 등등)에서 선택하는 것보다 훨씬 더 많은 자유가 있다고 생각해볼 수 있을 것이다. 그래서 우리는 '선택지의 수'라기보다는 오히려 선택지들이 어떻게 다르고 얼마나 가치 있는지를 고려한다는 의미에서 '선택지의 범위'라고 해야 할지도 모른다. 두번째 항목, '선택할 수 있는 능력'을 여기서 언급해둘 필요가 있는 것은 선택지들을 제시받더라도 이런저런 이유로 인해 그중에서 참다운 선택을 할 수 없는 사람이 있을지도 모르기 때문이다. 예를 들어 누군가가 당신에게 오늘 저녁 무대에 오를 두 편의 연극 가운데 어떤 것을 보러 갈 것인지 선택하라고 제안했다고 해보자. 그런데 당신에게 제목만 알려줬을 뿐이어서 어느 것도 내용을 알 수는 없다. 당신은 적당한 선에서 선택할 수는 있지만, 어느 쪽 연극을 가장 보고 싶어하는지 결정한다는 의미에서는 선택을 할 수 없다. 아니면 누군가가 그야말로 마마보이여서 언제나 어머니 말만 따른다고 가정해보자. 그는 다양한 직업을 제시받지만, 언제나 어머니가 권하는 것을 택한다. 보기에 따라서는 이 사람에게는 직업 선택의 자유가 있지만, 달리 보면 그렇지 않다.

그래서 자유에는 외적 측면과 내적 측면이 있다고 말할 수 있다. 즉, 자유는 세계가 어떤 사람에게 많은 문이 열려 있는 것과 같은 방식으로 구성되어 있는지 여부에 달려 있지만, 그것은 또한 그 사람이 어느 문을 통과할지를 진정한 의미에서 선택할 수 있는지 여부에도 달려 있다. 그러나 여기서 우리는 '문이 열려 있다는 것'과 '진정한 의미에서 선택한다는 것'이 무엇을 의미하는지에 대해 좀더 깊이 고찰할 필요가 있다.

어떤 사람이 뭔가를 선택하는 경우에 선택지가 있다고 말할 수 있는 것은 어떤 때인가? 일단 우회하여, 어떤 때에 선택지가 **없는** 것인지 생각해보자. 가장 명확한 경우는 문제의 그 사람이 선택 행위를 하는 것이 물리적으로 불가능한 경우다. 묶여 있거나 감금되어 있는 사람은 자유가 거의 없다. 왜냐하면 그런 상태가 아니었다면 그가 할 수 있는 거의 모든 일을 물리적으로 방해받고 있기 때문이다. 우리의 오랜 친구 홉스를 포함하여 몇몇 정치철학자는 사람들의 자유를 제한하는 것은 **오직** 물리적인 장해뿐이라고 주장해왔다. 그러나 대다수 사람들에게 이 주장은 매우 좁은 시각으로 보인다. 우리는 일반적으로 몇몇 선택에 대해 다양한 종류의 제재가 가해질 때,

그 점에 관한 선택지는 주어지지 않는다고 생각한다. 특히 법률은 그 아래에 있는 사람들의 자유를 제한한다. 왜냐하면 법률 위반자에게는 처벌이 가해지기 때문이다. 내가 제한 속도 이상으로 운전하거나 이웃집 창문을 박살내는 것을 물리적으로 방해하는 것은 아무것도 없다. 그러나 만약 이런 일들을 저지른다면 체포되어 처벌받게 될 것이고, 그래서 나에게는 그런 것을 할 자유가 없다. 같은 것이 개인에 의한 사적인 위협에도 적용된다. 만약 누군가가 자기 여자친구와 얘기를 나누고 있는 나에게 '또다시 그런 수작을 부리면 실컷 패줄 것'이라고 위협한다면, 그 경우에 (그 위협이 진지하게 의도된 것이라 가정한다면) 그 여성과 다시 얘기를 나눈다는 선택지는 내게 열려 있지 않게 된다.

물리적 방해와 제재는 일반적으로 자유를 위축시키는 장벽으로 받아들여진다. 선택을 실행함에 있어 사람들이 비용 때문에, 또는 처벌(및 그 밖의 제재)이라는 형태를 취하지 않는 비용 때문에 그 실행을 포기하는 경우에는 논쟁이 심해진다. 이 물음을 때때로 제기되는 식으로 표현하자면 이렇다. 무일푼인 사람에게는 고급 레스토랑에서 식사할 자유가 있는가? 우리는 현실적으로 그 사람이 레스토랑에서 식사를 할 수 없다 (적어도 그에게 돈이 없다는 사실이 밝혀지면 뭔가 심상찮은 결과를 피하지 못할 것이다)는 의미에서 '아니다'라고 답할 것인가? 아니면 그를 방해하는 유일한 것은 그에게 돈이 없다는 것뿐, 그의 식사를 거부할 의도는 레스토랑 주인이나 그 밖의 사람이 전혀 갖고 있지 않다는 의미에서 '그렇다'라고 답할 것인가? 여기에는 한낱 철학적인 물음 이상의 것이 내포되어 있다. 왜냐하면 이 물음에 어떻게 답하는가에 따라 우리가 정부와 자유의 관계에 대해 생각하는 방식이 바뀌기 때문이다. 정부가 실행하는 정책들 중에는 일군의 사람들로부터 다른 사람들에게로—전형적으로는 부유한 사람들로부터 가난한 사람들에게로—자원을 이동시키는 것이 있다. 이런 경우에 우리는 자원을 수취하는 사람들의 자유가 증대되는지, 자원을 제공하는 사람들의 자유가 감소하는지, 아니면 양쪽 모두 자유를 얻는지, 양쪽 모두 자유를 잃는지 하는 것을 알고 싶어한다.

그러면 사람들이 선택할 법한 것들을 비용 때문에 선택할 수 없게 되는 사례를 몇 가지 생각해보자. 우리는 일단 비용이 어느 수준에 도달하면 사람들은 더이상 자유롭지 않게 된다고 말해야 하는가? 이것은 너무도 간단하다. 1만 파운드의 비용이 드는 휴가를 보낼 수 없는 사람과, 소득 수준이 같고 (지체장애는 아니지만) 고통스러운 상태에서 벗어나기 위해 개인이 1만 파운드를 부담해야 겨우 필요한 수술을 받을 수 있는 사람을 비교해보자. 왜 우리는 두번째 사람은 필요한 수술을 자유롭게 받지 못한다고 말하는 것과 달리, 첫번째 경우를 말할 때(그에게는 휴가를 보낼 자유는 있지만, 그렇게 할 만한 금전적 여유가 없을 뿐이라고 말할지도 모른다)는 전형적으로 다른 언어를 사용하는가? 왜 자유라는 언어가 두번째 경우에는 자연스럽게 나오지만, 첫번째 경우에는 그렇지 않은가? 비용이 많이 드는 휴가는 사치이고, 그 분배는 경제적 시장에 맡기는 것이 이치에 맞다. 왜냐하면 시장이란 사람들이 얼마만큼의 수입을 얻고 거기에서 얼마만큼이나 지출할 것인지를 선택하는 공간이기 때문이다. 우리는 그 사람이 더 오랜 시간 일하거나 직업을 바꾸거나 다른 지출을 줄임으로써(이러한 방법은 논의의 여지가 있지만) 실제로 1만 파운드 이상을 벌 수 있을지는 제쳐두고라도 그에게 그런 휴가를 제공할 의무를 지는 사람은 아무도 없다는 것을 확실히 알고 있다. 이와는 대조적으로 국가는 공공 의료 서비스를 제공하거나 모든 사람이 적절한 보장을 받을 수 있도록 의료보험 시장을 규제함으로써 모든 사람이 적절한 건강관리 시스템에 접근할 수 있도록 보장할 의무를 진다. 그래서 만약 누군가가 자신에게 필요한 수술비 1만 파운드를 마련하지 못한 상태라면, 그 책임은 스스로의 의무를 다하지 못한 국가에 있게 된다. 선택을 하는 데 따르는 비용이 자유를 제한하는지 여부는 단지 그 비용이 얼마나 큰가가 아니라 그 비용이 어떻게 발생했는가 하는 것에 달려 있으며, 그 비용의 존재에 책임을 질 수 있는 다른 누군가가 있

8. 자유에 대한 하나의 논쟁적 견해. (데이비드 로 풍자화, 1950년 2월 15일)

는지 여부에도 달려 있다.

그러므로 정부가 더 많은 것을 할수록 민중의 자유는 그만큼 점차 감소한다는 일반적으로 견지되는 견해는 잘못된 것이다. 정부는 종종 자유를 제한하기도 하며, 때로는 정당하게, 때로는 정당하지 않게 그리한다(예를 들어 안전띠와 관련한 법률은 자동차 이용자의 자유를 제한하지만, 대다수 사람들은 그 법률이 구하는 생명에 의해 그것이 정당화된다는 데 동의할 것이다). 그러나 정부의 활동이 관련 조처가 없었으면 비용 때문에 불가능했을 선택지를 사람들에게 제공하는 방식으로 자유를 증대시키는 경우도 있을 수 있다. 우리는 특정한 정책들에 주목하여 그것이 어떤 선택지를 열어놓으면서 한편으로는 좀더 중요한 다른 선택지들을 닫고 있는 것은 아닌지 살펴볼 필요가 있다. 불행하게도 '자유로운 사회'에 관한 정치적 수사(修辭)는 대개 이 수준의 세부 사항에까지 이르지 못한다. 우리가 어떤 사람이 특정한 선택을 함에 있어 자유로운지 여부를 말할 때 그 말이 대체 무슨 의미인지를 엄밀하게 묻는 정치철학자는 우리가 정부와 개인의 자유의 관계에 대해 좀더 많은 정보에 근거하여 좀더 미묘한 차이를 고려한 판단을 내리도록 도와줄 수 있다. 이것은 내가 제1장에서 오늘날의 정치적 쟁점들에 대해 철학적으로 생각하는 것의 가치에 관해 논했던 것의 좋은 예다.

정부가 자유의 내적 측면, 즉 어떤 사람이 자신에게 열린 선택지 중에서 참다운 선택을 할 수 있는 능력과 관련해서 직접적으로 할 수 있는 것은 비교적 적다. 이 자유는 종종 '적극적 자유'라고 불리는데, 그것은 외적 요인에 의해 방해받지 않는 선택지를 갖는다는 의미의 '소극적 자유'와는 구별되는 것이다. 이 두 종류의 자유는 정치철학자 이사야 벌린이 「자유의 두 개념」이라는 주제의 유명한 강연에서 그렇게 했듯이 서로 대비되어왔다. 벌린은 국민에게 좀처럼 '소극적 자유'를 부여하지 않은 스탈린 시대의 소련과 같은 권위주의적이거나 전체주의적인 체제를 정당화하는 데 사용될 수 있다고 믿은 '적극적 자유'의 위험성을 강조하고 싶어했다. 그러나 나로서는 이 둘을 상보적인 것으로서 보는 것이 더 유익하다고 믿는다. 그리고 앞에서 나는 왜 우리가 선택지의 이용 가능성뿐만 아니라 참다운 선택을 하는 데도 주의를 기울여야 하는지 보여줄 수 있는 사례를 제시했다. 그러나 언제 선택이 진정한 것이 되는지를 우리는 어떻게 알 수 있는가? 이것을 결정하기는 더 어렵다.

이번에도 이 쟁점에 반대편에서 접근하자면, 어떤 경우에 선택이 명백히 참다운 것이 **아닌지** 물으면 도움이 될지도 모른다. 알기 쉬운 사례로서 어떤 강박 충동이나 중독에 사로잡힌 사람들―예를 들어 기회가 생기면 그냥 슬쩍해버리는 도벽이 있는 사람이나 다음번 주사를 맞기 위해 무슨 일이든 하고자 하는 마약 중독자—의 경우를 생각해보자. 이러한 상태에 있는 사람들은 결정의 순간에 자신의 가장 강렬한 욕망에 따라 행동한다. 하지만 나중에 돌이켜 생각해보면 그러한 욕망이 자신들이 바라던 것은 아니라는 것을 깨닫는다. 만약 버튼을 눌러 강박 충동이나 중독을 없앨 수 있다면, 그들은 그렇게 할 것이다. 셔츠를 훔치거나 헤로인 주사를 맞는 등의 결정은 참다운 선택이 아니다. 왜냐하면 그런 행위는 당사자가 오히려 스스로 바라지 않는 충동에 휘둘린 것이기 때문이다.

이것과는 다른 사례로서, 어떤 사람의 선택이 외부의 힘에 의해 결정되는 경우가 있다. 예를 들어 자기 어머니의 말이라면 꼬박꼬박 지키는 아이처럼 말이다. 이런 사람은 자신의 결정에 만족하는 것처럼 보일지라도(거기에는 강박 충동이나 중독의 경우에 종종 보이는 내적 갈등은 없다), 우리에게는 이 결정이 실제로는 그의 결정이 아닌 것처럼 느껴진다. 참다운 선택에는 모종의 독립성이 필요하다. 자유로운 사람은 스스로 '자신이 정말로 원하는 것이나 정말로 믿고 있는 것이 무엇인지' 묻고, 그 답도 자신이 직접 찾은 것이 아니면 거부할 수 있어야만 한다. 이러한 의미에서의 자유에 관해 말하자면, 지배적 관습이나 지배적 믿음에 대한 복종을 요구하는 사회적 압력이 너무 강해서 거기에 저항할 수 없을 정도가 될 때 사람들은 스스로의 자유를 잃는다. 종교와 정치적 이데올로기는 모두 이러한 효과를 지닐 수 있다.

우리는 참다운 선택을 할 이런 내적 자유를 어떻게 증진할 수 있는가? 한 가지 방법은 사람들에게 폭넓은 선택지를 제시함으로써 그들이 어떤 일련의 믿음이나 하나의 삶의 방식만을 올바른 것이라고 당연시하지 않도록 하는 것이다(반대로 자기네 구성원들의 선택을 통제하고자 하는 종교 교파나 정치 체제는 자신들이 상찬하는 삶의 방식에서 벗어난 것을 그 구성원들이 보거나 경험하지 못하도록 온갖 노력을 기울인다). 그래서 선택의 자유를 증진하고자 하는 정부는 (사람들을 새로운 삶의 방식이나 새로운 형태의 문화 등을 접하게 함으로써) 사회적 다양성을 키워가면 된다. 그러한 정책을 실천적으로 보여주는 예로서 아이들이 부모로부터 물려받았거나 사회적 네트워크로부터 흡수한 신념이나 가치에 대해 비판적으로 생각하도록 장려하는 동시에 다른 공동체의 아이들을 공립학교에 입학시킴으로써 다른 신념이나 다른 문화 가치를 접하게 하는 교육 시스템을 들 수 있을 것이다. 그러나 외적 자유와는 달리 내적 자유는 보장될 수 없다. 독립적인 성향을 타고난 사람이 있는가 하면, 순종적인 성향을 타고난 사람도 있다. 정치로 가능한 것은 그저 자기 나름의 삶의 방식을 선택하고자 하는 사람들에게 그렇게 할 수 있는 좀더 유리한 조건을 제공하는 것일 뿐이다.

지금까지 나는 자유가 무엇이며 왜 현대 사회에서 그것의 가치가 높이 평가되는지 설명하고자 애써왔다. 이제 나는 자유의 한계에 대한 탐구에 나서려고 한다. 개인의 자유가 다양한 방식으로 제한되어야 한다는 것은 자명할 것이다. 각자의 자유는 모든 사람이 같은 정도로 (외적) 자유를 누릴 수 있도록 제한되어야만 하지만, 그것을 넘어 개개인이 해도 되는 것에 제한을 두는 식으로 정당한 사회적 목표들이 추구되는 경우도 많다. 예를 들어 자연환경을 보호하기 위해 우리는 사람들이 쓰레기를 버리고, 배기가스로 대기를 더럽히며, 야생 동물 서식지를 주택 단지로 바꾸는 일 등을 금지해야 한다. 우리는 자유를 다른 가치들과 비교하며, 때로는 자유를 양보하기도 해야 한다. 그러나 이 비교는 어디까지 이루어져야 하는가? 자유를 제한한 결과가 아무리 좋은 것이라 할지라도 어떠한 개입도 정당화되지 않는 개인적 자유의 영역이 존재하는 것인가?

나는 앞에서 『자유론』을 이미 언급한 바 있는데, 그 저자인 존 스튜어트 밀은 그러한 영역이 실제로 존재하고 거기에서 자유는 침해될 수 없는 것이어야 한다고 믿었다. 그는 어떤 사람의 행위가 아마도 본인을 제외하고 누구의 이익도 침해하지 않는다는 의미에서 '자기 관계적'일 때, 그 행위에 결코 개입해서는 안 된다고 주장했다. 밀은 이 원리가 사상 및 표현의 자유와 개인이 스스로 원하는 방식대로 살 자유, 즉 어떻게 입고, 무엇을 먹고 마시며, 어떤 문화적 활동을 추구하고, 어떤 성적 관계를 맺으며, 어떤 종교를 따를 것인지 등등의 자유를 정당화하리라고 생각했다. (이런 관념은 오늘날의 우리에게는 친숙하지만, 밀이 집필하던 빅토리아 시대 중기에는 급진적이고 실제로 충격적이기까지 한 것으로 여겨졌다.) 그러나 밀이 긋고자 했던 경계선을 긋는 것은 가능할까? 행위를 하는 본인 이외의 누구에게도 위해(危害)를 가하지 않는다는 것이 확실한 그런 행위가 정말로 존재할까?

밀은 그가 자기 관계적인 것으로서 분류하는 행동(괴상한 차림새, 성적인 일탈 행위, 호전적인 무신론 등)에 의해 사람들이 불쾌감을 가질 수 있다고 인정했다. 그러나 그는 뭔가에 의해 불쾌감을 갖는 것이 그것에 의해 위해를 당하는 것과 같지는 않다고 주장했다. 위해라는 것은 공격을 당하거나 위협을 받거나 소유물이 파괴되거나 경제 상황이 열악해지는 일이며, 밀이 생각하기에 객관적으로 인정할 수 있는 어떤 것이다. 이와 대조적으로 불쾌감이라는 것은 그렇게 느낀 사람의 개인적인 신념이나 태도에 달려 있다. 가령 당신이 동성애나 랩 음악으로 인해 불쾌감을 가질 수도 있지만, 그것은 당신의 개인적 가치 기준에 비춰 이러한 행위가 잘못되었거나 허용될 수 없는 것이기 때문이다. 하지만 나의 반응은 상당히 다를 수 있

9. 이사야 벌린, 20세기에 가장 널리 읽힌 자유의 철학자.

다. 밀은 남들에게 불쾌감을 가진 누군가가 그런 사람들을 피하거나 또는 그 사람들에게 그런 행동방식을 바꾸도록 설득하려는 것은 전적으로 적절하지만, 그 사람이 법률이나 그 밖의 수단을 통해 문제의 행동을 못하게 하는 것은 허용될 수 없다고 생각했다.

그러나 과연 불쾌감을 주거나 위해를 당한다는 것을 그렇게 간단히 구분할 수 있을까? 한 여성이 종업원 대부분이 남성이고 그녀가 불쾌하다고 여길 만한 나체 여성 포스터가 붙어 있는 사무실이나 공장에서 일한다고 가정해보자. 그녀는 그 직장이 싫어져서 결국 퇴사할지도 모른다. 명백히 그녀는 남성 종업원들의 유달리 자기 관계적인 행동으로 인해 위해를 당하고 있다. 또다른 사례로서 '증오 언설(hate speech)'이라는 것이 있다. 그것은 민족적·종교적 소수자의 구성원들에게 공공연하게 가해지는 악의적인 발언인데, 그 발언에 의해 소수자의 구성원들이 학교나 대학 또는 직장에서 쫓겨나거나 경우에 따라서는 그곳에 있는 것 자체가 불안하게 느껴지기도 한다. 여기서도 직접적으로는 그저 불쾌감을 주는 데 그칠 행동이 간접적으로는 위해를 가할 수 있다. 그래서 우리에게는 다음과 같은 선택지가 있다. 즉, 위해에 관한 우리의 관념을 확장해서 위에서 언급한 사례도 거기에 포함시킴으로써 자기 관계적 행위의 영역을 축소시키거나, 아니면 직접적으로 위해를 가하는 행위에만 개입할 수 있다는 처음의 생각을 견지하고 다른 사람이 그 표현 형식을 매우 불쾌하게 여기는 경우에도 사람들이 자기 자신을 자유롭게 표현할 수 있도록 해야 한다고 말하는 것이다.

우리가 방금 고찰한 사례들과 관련해서는 특히 주목할 만한 세 가지가 있다. 첫째, 그러한 행동이 불쾌하게 느껴지는 것은 한낱 개인적인 특이성의 문제가 아니라는 것이다. 누드 포스터에 대해 어떻게 생각하든, 우리는 왜 많은 여성이 그것을 불쾌하게 느끼는지 이해할 수 있어야 한다. 그것은 이를테면 누군가가 데이비드 베컴 포스터를 책상 위에 붙여놓는 것을 당신이 라이벌 축구팀을 응원한다는 이유로 반대하는 것과는 전혀 다르다. 둘째, 불쾌감을 주는 행동을 피하려면 피해자의 행동이 (예컨대 퇴직이나 학업 포기 같은) 큰 변화를 겪을 수밖에 없다는 것을 들 수 있다. 이와 대조적인 것은 내가 이웃 거실의 벽에 붙어 있는 포스터 때문에 불쾌해지는 경우다. 그 경우에 나는 그 집에 들어가지만 않으면 된다. 또한 인종차별적인 신문에 실린 의견들이 불쾌감을 준다면 그 신문을 구독할 필요가 없다는 것 역시 대조적인 사례다. 셋째, 불쾌감을 주는 행동 자체는 그것이 초래하는 고통에 비하면 응분의 가치를 거의 혹은 전혀 가지지 못한다는 것을 들 수 있다. 일을 하는 동안 나체 여성을 응시할 수 있어야만 한다는 것이나, 혹인이나 이슬람교도에게 욕설을 퍼부어야 한다는 것은 누구에게나 좋은 삶에 관한 생각의 본질적 요소는 아니다. (몹시 나쁘게도 이런 것을 하고 싶어하는 사람들이 소수라도 있다는 것을 나는 부인하지 않는다. 문제는 이런 것이 금지될 경우 무엇을 잃게 되는가 하는 것이다.) 표현의 자유는 중요하지만, 모든 표현에 똑같은 가치가 있는 것은 아니다. 사람들이 자유롭게 예배드리고 정치 토론에 참여하며 예술적으로 자신을 표현할 수 있어야 한다는 것은 매우 중요하다. 그러나 일터에 포스터를 붙이거나 조야한 인종차별적 구호를 외칠 수 있어야 한다는 것은 전혀 중요하지 않다.

그래서 자기 관계적 행위에는 결코 개입을 허용해서는 안된다는 밀의 단순한 원리를 대체할 수 있는 것으로서 다음과 같은 것이 분명해졌다. 즉, 우리는 서로 다른 종류의 행동이 지니는 가치를 그것이 다른 사람에게 부과할 수 있는 비용과 비교하고, 나아가 그런 비용을 회피하기가 얼마나 어려운지 숙고하여 좀더 복잡한 판단을 내릴 필요가 있는 것이다.

이제 나는 밀의 원리에 놓여 있는 다른 문제로 향하고자 한다. 그것은 본인 이외의 누구에게도 직접적인 영향을 미치지 않는 형태의 행동이라도 그 본인이 사회에 기여할 수 있는 가능성이 감소하거나, 다른 사람들이 부담해야 할 비용을 초래하는 식으로 그들에게 장기적인 영향을 미칠 수 있는 문제다.

예를 들어 알코올 중독자는 안정된 직업을 가질 수 없을 것이다. 줄담배를 피우는 사람은 설령 자신의 집에서만 피운다고 할지라도 암이나 심장병에 걸릴 위험이 커지며, 그 결과 공공의 비용으로 치료를 받아야 할 가능성이 커진다. 따라서 과연 이러한 활동을 순전히 자기 관계적인 것으로 보거나 개인의 자유라는 이름으로 보호할 필요가 있는 것으로 봐야 하는지가 문제다.

밀은 알코올 중독의 사례를 고찰했다. 그의 주장으로는 술을 마시는 것이 순전히 자기 관계적인 것이 더이상 아닌 경우가 두 가지 있다. 즉, 어떤 사람이 알코올의 영향으로 적절하게 수행할 수 없는 업무나 의무에 종사하고 있을 경우나, 술에 취한 사람이 폭력을 휘두를 가능성이 높은 경우다. 그러나 음주가 어떤 사람에게 끼치는 영향이 술을 마시지 않았을 때에 비해 사회적 기여를 덜 할 수 있게 되는 것뿐이라면, 음주를 금지할 권리가 사회에는 없다. 아이들에게 사회적 책임에 대해 가르치거나 알코올의 위험성에 대해 경종을 울릴 수는 있을 것이다. 그러나 성인의 경우, 결과적으로 사회 전체가 고통을 당하더라도 자유를 지키는 것은 최고의 중요성을 갖는다.

여기서 우리는 밀을 따르는 데 주저할 수도 있다. 그 이유의 하나로서 그의 시대 이후로 국가는 그 시민들에 대해 훨씬 광범위한 책임을 떠맡게 되었으며, 따라서 더욱 명백한 의미에서 자기 관계적인 것으로 보이는 행위로 인한 비용까지 국가가 감당하게 된 사실을 들 수 있다. 밀이 『자유론』을 썼을 때는 공공 의료 서비스, 교육이나 빈곤층 소득 지원을 위한 국가적 체계, 그리고 공공 주택 같은 것이 없었다. 건강을 해치거나 일을 할 수 없는 상태가 된 사람들은 대개 그 비용을 스스로 부담하거나, 지역 자선 시설에 지원을 청해야 했다. 이런 자선 시설은 지원 대상자들에게 다양한 조건을 달 수 있었다. 문제는 과연 밀의 원리가 복지 국가를 배경으로 해서도 여전히 의미를 지니는가 하는 것이다. 그 복지 국가는 세금에 의해 유지되며 모든 사람에게 최저 수준의 소득과 교육, 의료 서비스, 그리고 주거를 제공할 책임을 진다. 이러한 맥락에서, 복지 서비스에 기여하는 동시에 거기에 불필요하게 의존하지 않도록 하는 사회적 책임을 사람들에게 강제해야 하는 것일까?

이것은 오늘날 정치에서 가장 논쟁적인 문제들 가운데 하나다. 우리는 결국 밀에게 동의하게 될 텐데, 그 하나의 이유로는 자유에 관한 밀의 원리를 일단 제쳐두면 강제의 확장을 멈출 명백한 한계점이 사라져버릴 것이라는 점을 들 수 있다. 예를 들어 국가는 그 국민들에게 건강에 좋은 음식을 먹도록 강제해야 할까? 규칙적으로 운동하도록 강제해야 할까? 위험한 스포츠는 금지해야 할까? 이런 조치들은 모두 공공 의료 서비스의 비용을 크게 줄일 수 있을 것이다. 그렇지만 우리는 그로 인해 사생활을 심각하게 침해당할 것이라고 생각할 수 있다. 그 경우 우리는 국가가 등산이나 극한 스포츠를 즐기는 사람들에게 보험에 가입하도록 요구하는 것은 정당할 수 있고, 또한 담배를 피우고 술을 마시거나 기름진 음식을 먹고 여가의 대부분을 텔레비전 앞에서 뒹굴뒹굴하며 보내는 것의 폐해를 알리며 성인을 포함한 모든 사람을 **계도하는** 데서도 국가가 중요한 역할을 맡지만, 그럼에도 불구하고 국가는 이런 것들을 **금지해서는** 안 된다고 결론지을 수 있다. 밀은 다음과 같이 말한다. "불편함은 인간의 자유라는 더 커다란 선(善)을 위해 사회가 감내할 만한 것이다."

밀이 국가에 맞서 자유를 옹호하는 주장에는 사람들이 스스로 좋아하는 것을 할 완전한 자유를 누릴 수 있는 사적인 활동 영역을 정하는 것이 포함되었다. 우리는 이러한 접근법이 지닌 몇 가지 문제를 이미 검토했으며, 사적 영역의 보호에 반대하는 페미니스트의 논의를 제6장에서 검토할 때 좀더 많은 문제를 만나게 될 것이다. 그래서 이제 나는 개인의 자유라는 이름 아래 국가의 행위를 제한하는 다른 방법을 탐구하고자 한다. 이것은 모든 사람이 정부가 결코 침해해서는 안 되는 일군의 **인권**을 지닌다는 생각이다.

인권이라는 사상은 1948년에 국제연합(유엔)이 세계 인권 선언을 승인한 이래로 그 영향력을 꾸준히 키워왔다. 이 선언

10. 존 스튜어트 밀, 공리주의자, 페미니스트, 자유의 옹호자.

에 따르면 모든 조인국은 선언문에 적시되어 있는 다양한 인권을 존중해야만 한다. 그러나 이런 개념 자체는 훨씬 이른, 그러니까 자유주의 정치철학의 초기 단계에 중심적 역할을 한 자연권 사상에까지 가닿을 수 있다. 예를 들어 존 로크는 모든 **남성**(그가 일부러 여성을 배제한 것인지에 관해서는 논란의 여지가 있다)이 최소한 생명, 자유, 재산에 대한 자연권을 가지며, 사회 계약으로 설립된 정부는 자신들이 정치권력을 쥔다는 조건으로 이 권리들을 보호하기로 약속하는 것이라고 주장했다. 세계 인권 선언의 권리 목록은 훨씬 광범위하다. 거기에는 이동의 자유, 신앙의 자유, 결혼의 자유 등의 권리와 같이 직접적으로 자유를 보호하는 권리들 이외에, 일할 수 있는 권리, 적절한 생활수준을 누릴 권리, 교육을 받을 권리와 같이 사람들이 물질적 편익에 접근할 수 있게 하는 효과를 갖는 권리들이 포함되어 있다. 그렇지만 이 장의 앞에서 다룬 자유의 분석에 비추어 보면, 이러한 권리들 역시 개인의 자유를 보호하는 방법으로 여겨질 수 있다. 즉, 그렇지 않았더라면 물질적 자원의 결여 탓에 차단되었을 선택지를 보장하는 것이라고 여겨질 수 있는 것이다.

인권의 관점에는 인간의 특정한 활동이 과연 **다른 사람들**에게 위해를 가할 가능성이 있는지에 대해 묻는 생각은 포함되지 않는다. 오히려 행위자 자신을 보면서, 과연 누구도 그것없이는 버젓한 인간적 삶을 누릴 수 없게 되는 모종의 조건들이 존재하는지 여부를 묻는다. 이런 관점은 인간에게 가장 좋은 종류의 삶이란 어떤 것인지 하는 물음에 대해서는 중립적이고자 한다. 가령 그것은 종교적 신앙인이나 정치 활동가, 예술가, 농부가 되는 것이 더 가치 있는지 아니면 주부가 되는 것이 그러한지 말하지 않는다. 그러나 그것은 이러한 삶의 방식 모두가 인권이 옹호하는 조건들을 필요로 한다고 주장한다. 이러한 조건들 가운데 몇 가지는 논쟁의 여지가 전혀 없다. 누구나 생각하고 의사소통하며 이동할 자유가 없이는, 적절한 음식과 쉴 곳을 갖지 않고서는, 다른 사람들과 사적인 관계나 직업상의 관계를 맺을 기회 등등을 얻지 않고서는 버젓한 삶을 누릴 수 없다. 그러나 원래의 유엔 인권 선언을 비롯한 인권의 표준 목록에는 좀더 논쟁의 여지가 있는 항목들이 포함되어 있었다. 그 항목들에는 우리가 속해 있는 사회에서 실현되기를 바라는(특히 우리가 자유주의자라면) 권리들이 포함되어 있을지도 모른다. 하지만 그러한 것들이 과연 모든 형태의 인간적 삶에 불가결한 것인지는 의문의 여지가 있다.

두 가지 예를 생각해보자. 첫째, 유엔 인권 선언은 '사상, 양심 및 종교'의 자유에 대한 권리를 자신의 종교를 변경할 수 있는 자유와, 공적으로나 사적으로 어떤 종교든 실천할 수 있는 자유를 포함한다고 폭넓게 해석한다. 종교적 믿음이나 실천은 인간 존재의 모든 면에서 볼 수 있는 특징이기 때문에, 우리는 모든 사람이 예배하거나 종교 경전을 읽는 등의 기회를 얻어야 한다는 데 동의할 수 있다. 그러나 모든 사람이 아무런 제한 없이 어떤 종교든 선택할 수 있어야 하는가? 모든 사람이 (자신과는 다른 종교를 신봉하고 있는) 누군가를 개종시킬 수 있어야 하는가? 국가는 모든 종교를 동등하게 처우해야만 하는가, 아니면 그중 하나에 국교로서의 특권을 부여해도 되는가? 자유주의 사회에서는 여기서 살펴보고 있는 권리들이 강한 의미로 해석되는 경우가 많아, 이를테면 위에서 언급한 물음들에 모두 긍정적으로 답하도록 요구하기도 한다. 하지만 다른 사회에서는 훨씬 제한된 권리만 인정되며, 그렇다고 해서 그런 사회들에서의 인간의 삶이 버젓하지 못하다고 입증하기는 어려울 것이다.

둘째, 유엔 인권 선언에는 정치적 참여에 관한 강한 권리가 포함되어 있다. 이 권리에는 모든 사람이 자기 나라의 통치에 참여할 권리를 가진다고 되어 있고, 나아가 정기적인 선거, 보편적이고 평등한 투표권, 그리고 비밀투표나 그와 동등한 것에 대한 권리가 포함된다고 되어 있다. 이 권리 역시 자유주의자들이 상찬하는 것이며, 앞 장에서 보았듯이 우리가 권력을 행사하는 사람들이 국민 전체에 대해 민주적인 방식으로 책임을 다하기를 바랄 만한 좋은 이유가 존재한다. 그러나 우리가 인권에 관해 이야기할 경우 물어야만 하는 것은 과연 그러한 권리가 실제로 버젓한 인간 생활의 불가결한 요소인가 하는 문제다. 수천 년 동안 인간 사회는 이러한 민주적 권리들 없이 존재해왔으며, 우리의 기준에 따르면 그러한 사회 모두가 불완전한 것이긴 해도 하나같이 그 구성원들에게 나름의 생활 여건을 제공하는 데 실패했다고 주장하기는 어려울 것이다.

다시 말하면, 우리는 관습적으로 이해되는 인권을 두 가지 범주로 나눌 필요가 있는 것이다. 필수적인 권리에 관해서는 상당히 짧은 목록이 있는데, 우리는 특별히 인간 존재가 자신들의 삶을 어떻게 선택하든 간에 그 권리들을 필수적으로 소유해야 한다고 어느 정도 확신을 가지고서 말할 수 있다. 이 권리들을 박탈당하면 그 삶이 제한되고 왜소해지며 온전히 인간적인 것이 되지는 못할 것이다. 또한 우리가 모든 시민이 누릴 자격이 있다고 믿는, 질서 잡힌 사회의 기준을 보여주는 권리에 관한 좀더 긴 목록도 존재한다. 하지만 그것을 누가 엮어내느냐에 따라 이 긴 목록의 서로 다른 버전들이 있을 수 있다. 자유주의 사회가 선호하는 버전은 다른 문화적 배경을 지닌 사회, 예를 들어 이슬람 사회 또는 유교나 불교 전통을 지닌 동아시아 사회가 선호하는 버전과 다를 것이다. 그래서 짧은 목록에는 없고 긴 목록에만 등장하는 권리들은 엄밀히 말하자면 인권이라고 불러서는 안 된다고 결론지을 수도 있다. 1789년에 프랑스혁명의 당사자들이 자신들의 원리를 표명했을 때, 그들은 그것을 「인간과 시민의 권리 선언」이라고 불렀다. 거기에서 실마리를 얻어, 우리는 긴 목록에 속하는 권리들을 **우리의 정치 공동체** 내부에서 개인에 대한 기본적 보호 장치로서 인정되어야 할 것들이라는 의미에서 시민권이라 부를 수 있다. 반면에 다른 공동체에서는 (우리의 권리와 겹치는 바도 있지만 동일한 것은 아닌) 다른 일군의 권리가 지배적일 것이다.

　나는 이 장의 논의를 정부가 어떠한 상황에서도 침해해서는 안 되는 개인의 자유의 영역에 관한 생각이 자유주의 사회에 깊이 뿌리내리게 되었음을 지적하는 것으로 시작했다. 우리가 발견한 것은 이 생각이 실제로는 상당히 문제가 있다는 것이다. 일단 자유란 대체 무엇을 의미하는지 묻기 시작하자마자 우리는 정부측의 적극적인 행위(즉, 선택지들을 열어두기 위한 자원이나, 사람들이 정보에 근거해 자유롭게 선택할 수 있는 조건을 제공하는 행위) 없이는 많은 경우에 자유를 누릴 수 없다는 것을 알았다. 또한 그 범위 내에서는 본인 이외의 누구에게도 상관없는 '자기 관계적' 활동의 영역을 정의할 간단한 방법이 없다는 것도 알았다. 그리고 마지막으로 인권을 정부가 지켜야 할 절대적 기준을 정하는 수단으로서 이용하려 해도 그 목록을 짧고 기본적인 것으로 유지할 때에만 효과가 있으리라는 것도 알았다. 시민권에 관한 좀더 긴 목록이 사회마다 다른 것은 정당하며, 따라서 이 목록을 둘러싸고 정치적 논쟁을 벌이는 것은 적절한 일이다. 한때는 불가결하게 여겨진 권리들이 나중에는 사회적으로 해를 끼치는 것으로 드러날 수도 있다. (미국의 건국의 아버지들은 조국 수호를 위해 언제든 민병을 소집할 수 있기를 원했다. 그래서 헌법의 수정 제2조는 모든 미국 시민에게 무장을 할 권리를 부여하는데, 이 권리는 이제 권총의 보급을 통제할 효과적인 수단을 마련하고자 하는 입법자들에게 걸림돌이 되고 있다.)

그렇다면 자유는 매우 중요한 정치적 가치이지만, 정치권력의 행사에 대해 절대적인 제한을 둬야 할 정도로 중요한 것은 아니다. 특히 민주주의 체제에서는 자유를 증진하기 위한 자원의 이용, 자유와 사회적 책임, 그리고 모든 시민이 누려야 할 권리를 둘러싼 문제들이 공공연하게 논의될 것이고, 그런 문제들에 답하는 데서 사람들은 자유 이외의 원리, 예컨대 평등, 공정성, 공동선, 자연에 대한 존중, 문화의 보호 등등에 호소할 것이다. 이러한 논의가 진행됨에 따라 특정한 자유들이 채택되어 아마도 성문 헌법에 기본권으로서 명문화될 것이다. 그러나 이것이 최종적인 결말은 아니다. 사회가 변화하고 새로운 필요나 문제가 발생함에 따라 자유의 형태 자체도 변해갈 것이다. 겨우 20년 전만 해도 화젯거리였던 인터넷 액세

스, 전자 감시, 유전자 정보 소유권과 같은 것이 마침내 개인
의 자유를 둘러싼 논의의 중심을 차지하게 될 것이라고 누가
상상할 수 있었겠는가? 앞으로 20년 후에는 어떤 새로운 쟁점
들이 그 자리를 대신하게 될지 누가 예견할 수 있겠는가?

제 5 장

정의

　로렌체티의 〈좋은 정부와 나쁜 정부의 알레고리〉에는 '자유'를 나타내는 인물을 위한 자리는 없다. 그 이유는 앞 장에서 살펴본 대로다. 그러나 '정의'는 한 번이 아니라 두 번 등장한다. 그녀는 좋은 통치자 곁에 서 있는 유덕한 인물들 가운데 한 명이지만, 또한 프레스코화의 바로 그 중심부에서 좋은 정부와 나쁜 정부를 각각 표상하는 두 그룹의 인물들 사이에 홀로 앉아 있는 위엄 있는 인물로도 등장한다. 로렌체티는 왜 '정의'를 두 번 그렸을까? 나는 그가 정의란 단순히 통치자가 소유해야 하는 하나의 덕 이상의 것이라는 생각을 전하고자 했다고 본다. 수많은 개인을 하나의 정치 공동체로 변모시키는 제도에서 그것은 무엇보다도 근본적인 요소다. 이 프레스코화의 중심인물은 한 쌍의 저울을 들고 있는데, 각각의 저울에서는 '조화'를 나타내는 인물에게로 끈이 드리워진다. '조화'는 그 끈들을 꼬아 굵은 밧줄로 만들어 그것을 길게 늘어선 시민들 사이를 거쳐 통치자의 손에 넘겨준다. 로렌체티가 시사하는 바는 정의가 시민들을 서로 묶어주고 모든 시민과 정부를 이어준다는 것이다. 이 점에서 그는 정의를 정치권력의 정당화에 핵심적인 것으로 여긴 오랜 전통을 따랐다. 거의 천 년 전에 성 아우구스티누스는 다음과 같이 물었다. "정의가 제거된다면, 왕국은 큰 도적떼 말고 무엇일까?"

정의가 좋은 정부에 결정적으로 중요하다고 말하는 것과, 정의가 실제로 의미하는 것이 무엇인지 말하는 것은 전혀 다른 것이다. 후자는 이 장 전체에 걸쳐 우리를 사로잡게 될 물음이다. 한 가지 확실한 것은 그 답이 단순하지 않으리라는 것이다. 로렌체티가 묘사한 인물이 그 점을 보여준다. 정의의 저울 한편에는 '분배 정의'를 표상하는 천사가 올려져 있는데, 이 천사는 악인의 머리를 칼로 베고 있는 동시에 상찬해야 할 사람의 머리에 왕관을 씌우고 있다. 다른 편의 저울에는 '교환 정의'를 표상하는 천사가 올려져 있는데, 이 천사는 아마도 두 명의 교역상인 간의 교환을 이끌고 있는 것으로 보인다. 금속세공인의 창과 직공의 옷감 꾸러미가 동등한 가치를 지닌다는 것을 보증하면서 말이다.

11. 암브로조 로렌체티의 〈좋은 정부와 나쁜 정부의 알레고리〉에서의 정의.

따라서 정의는 형벌과 보상 그리고 평등과 관련이 있다. 그러나 우리는 그것을 어떻게 정의해야 할까? 동로마 황제 유스티니아누스에 의해 제시된 아주 오랜 정의에 따르면, "정의(正義)란 각자에게 각자의 몫을 주고자 하는 항구적이고 영속적인 의지"인 것이다. 이것은 그 자체로는 그리 유용하지 않을지도 모르지만, 적어도 우리에게 올바른 방향을 제시하기는 한다. 첫째, 정의란 개개인이 올바른 방식으로 대해지는 것에 관한 문제임을 강조한다. 그러니까 정의란 사회 전체가 부유한지 가난한지, 문화적으로 풍성한지 불모인지 등과 같은 문제가 아니다. 하지만 **집단**에 대해서는 정의라는 관념을 당장 제쳐두어도 된다고 말하는 것은 아니다. 그것에 관해서는 다음 장에서 좀더 자세히 살펴볼 것이다. 무엇보다 정의의 일차적 관심사는 개개인이 어떻게 대해지는가 하는 것이다. 둘째, 앞에서 제시된 정의의 "항구적이고 영속적인 의지"라는 부분은 사람들이 자의적이지 않은 방식으로 대해져야만 한다는 것이 정의의 중심적 측면임을 우리에게 상기시켜준다. 한 사람의 인간을 통시적으로 대하는 데서는 일관성이 있어야만 하며, 사람과 사람 사이에서도 역시 일관성이 있어야만 한다. 그래서 만약 내 친구와 내가 같은 자질을 가지고 있거나 같은 방식으로 행동했다면, 우리는 상황에 따라 같은 혜택이나 같은 처벌을 받아야 하는 것이다.

정의가 처우의 일관성을 요구한다는 사실은 올바르게 행동하는 것이 왜 그토록 자주 **규칙**에 대한 복종이나 **법**의 적용에 관한 문제가 되는지 설명해준다. 왜냐하면 그러한 규칙이나 법이야말로 특정한 상황에서 무엇이 행해져야 하는지를 규정함으로써 일관성을 보장하기 때문이다. 그러나 일관성만으로는 정의를 위해 충분하지 않다. 그 점을 우리는 모든 빨강머리 사람들을 사형에 처해야 한다거나, 'D'로 시작하는 이름을 가진 모든 사람은 통상적인 경우보다 급료를 두 배나 받아야 한다와 같은 규칙을 상상해보면 알 수 있다. 이런 예들이 일러주는 것은 정의가 **타당성**을 요구한다는 것이다. 만약 사람들이 서로 다른 방식으로 대해진다면, 문제가 되는 처우에서도 타당한 이유에서 그리 되어야만 한다. 이것은 또한 차별할 타당한 이유가 존재하지 않는 경우에는 정의가 평등을 요구한다는 것을 의미한다. 즉, 모든 사람은 같은 방식으로 대해져야 하는 것이다. 실제로 평등한 처우가 어느 정도나 요구되는지 하는 문제가 여전히 남아 있지만, 우리는 이제 단순한 일관성 원리 곁에 놓여야 할 정의의 두번째 요소를 얻었다. 정의는 사람들을 다른 방식으로 대할 타당한 이유가 존재하지 않는다면, 사람들이 평등하게 대해져야 한다고 요구한다.

우리는 여기서 세번째 핵심 요소, 즉 비례 관념을 덧붙일 수 있다. 이것은 우리에게 사람들이 타당한 이유에 의해 다른 방식으로 대해진 경우, 그들이 받는 처우는 그들이 행한 어떤 일이나 그들이 가지고 있는, 불평등을 정당화하는 어떤 특징에 비례해야 한다고 일러준다. 많은 사람은 예를 들어 누군가가 직장에서 열심히 일했다면, 그것은 그 사람에게 더 많은 급료를 줄 타당한 이유라고 믿는다. 그러나 정의를 위해서는 역시 비례성도 있어야만 한다. 만약 스미스가 존스보다 두 배나 생산적으로 일했다면, 그는 존스보다 두 배 많이 받아야지 열 배 많이 받아서는 안 된다.

유스티니아누스의 정식에서 우리는 정의에 관한 상당량의 정보를 뽑아냈다. 그러나 우리는 사람들이 정의의 문제로서 다루어야 할 것은 무엇인지, 만약 그러한 것이 있다면 어떤 이유에서 사람들을 다르게 처우하는 것이 정당화되는지에 관해서는 아직 정확히 말할 수 없다. 그리고 사실 이런 물음들에 대한 간단한 답은 존재하지 않는다. 그것은 부분적으로는 구체적인 조건에서 정의가 요구하는 것이 무엇인지에 대한 사람들의 의견이 종종 서로 일치하지 않기 때문이다. 또 역시 부분적으로는 누군가가 제시할 답이 상당한 정도로 그 처우를 누가 하는지, 어떤 처우가 주어지고 있는지, 그리고 어떤 상황에서 그렇게 하는지에 좌우될 것이기 때문이다. 대체로 정의에 관한 우리의 생각은 **맥락적**이다. 그것은 우리가 어떤 규칙이나 결정이 공정한지 여부를 결정하기 전에 그 규칙이나 결정이 적용되고 있는 상황에 대해 충분히 알아야 한다는 것을 의미한다. 예를 들어 설명해보자.

나에게 다섯 명의 사람들에게 배분해야 할 100파운드가 주어졌다고 가정해보자. 그들은 지금 내 앞에서 저마다 자기 몫의 돈을 요구한다. 정의는 나에게 무엇을 하라고 말하는가? 지금까지는 아주 조금만 언급되었다. 정의가 내게 일러주는 것은 그들을 일관된 방식으로 대할 것, 만약 그들을 다른 식으로 대한다면 타당한 이유로 그렇게 할 것, 그리고 배분은 비례적일 것, 이것뿐이다. 이제 앞의 맥락을 몇 가지 다른 방식으로 채우고, 그럼으로써 어떤 배분이 제안되는지 살펴보자. 다섯 사람은 나의 종업원일 수 있으며, 100파운드는 그들이 이번주에 벌어들인 몫의 보너스일 수 있다. 이 경우 나는 우리가 함께한 일에 각자가 어느 정도나 기여했는지 고려하고 그에 비례해서 급료를 줘야 한다. 아니면 나는 굶주린 사람들이 음식을 구할 수 있도록 할 목적으로 현금을 제공받은 구호 종사자일 수도 있다. 이 경우 나는 다섯 사람에게 응분의 필요가 무엇인지 판단하고 더 많이 필요로 하는 사람에게는 더 많이 줘야 한다. 그도 아니면 그 100파운드는 논문 경연 대회에 제공된 상금일 수 있다. 이 경우에 정의가 요구하는 것은 가장 좋은 작품을 제출한 사람에게 상금 모두를 줘야 한다는 것이다. 또 어쩌면 100파운드는 적은 액수의 복권 당첨금이고, 다섯 사람과 나는 복권을 구입한 그룹의 구성원일 수 있다. 이 경우 우리는 분명히 전액을 평등하게 나눠가져야 한다.

　나로서는 대다수의 독자가 그 돈이 서로 다른 상황에서 어떻게 배분되어야 하는지에 관한 나의 제안이 다소간 자명하다고 여기리라 생각한다. 이것이 보여주는 바는 비록 정의를 실행하는 것은 복잡한 일이지만, 그 실천에 내포된 의미를 우리는 이미 직관적으로 잘 파악하고 있다는 것이다. 정의는 하나의 잣대라기보다는 도구 상자다. 우리는 (이루어져 할 결정이나 적용되어야 할 규칙과 같은) 과제에 직면할 경우, 대체로 그때마다 어떤 도구를 꺼내 사용해야 할지 알고 있다. 좀더 어려운 것은 이 지식을 일반 원리의 형식으로 표현하는 것, 즉 정의의 **이론**을 도출하는 것이다. 그러나 정치철학자로서 우리는 이론을 발전시킬 필요가 있다. 왜냐하면 우리의 직관들이 서로 충돌하거나 어쩌면 전적으로 소용없게 되는 경우도 있을 것이기 때문이다. 이 점이 특히 들어맞는 것은 우리가 **사회** 정의―한낱 개인과 개인 사이에서의 정의가 아니라 사회 전체를 가로지르는 정의―라는 것이 무엇을 의미하는지에 대해 생각해야 하는 경우다. 나는 이 장의 뒤에서 이 논쟁적인 관념에 대해 탐구할 것이다. 그러나 먼저 앞에서 거론했던 단순한 경우들에까지 적용될 수 있는 일반적인 정의의 원리를 탐구할 필요가 있다.

우선 지적해둘 것은 정의가 사람들이 받는 처우뿐만 아니라 그러한 결과에 도달하기 위해 따라야 할 절차와도 관련되는 바가 많다는 점이다. 형사상의 정의에 관해 생각해보면 이 점을 알 수 있다. 물론 문제가 되는 것은 죄를 범한 사람이 그 범죄에 비례하여 처벌되고 무고한 사람은 풀려나는 것인데, 이것이야말로 정의로운 결과가 요구하는 것이다. 그러나 그 못지않게 중요한 것은 판결에 이르기까지 적절한 절차가 지켜지는 것이다. 예를 들면 양측은 각각 자신의 주장을 진술할 수 있어야 하고, 판사는 어느 한쪽을 편들고자 할 만한 이해관계를 가지고 있지 않아야 한다. 이런 절차가 중요한 것은 부분적으로 그것이야말로 올바른 판결에 도달할 수 있도록 보장하는 경향이 있기 때문이며, 나아가 법정에서 자신의 주장을 진술할 기회를 얻고자 하고 다른 피고인에게 적용되는 것과 똑같은 규칙이 자신에게 적용되기를 바라는 사람들이 그런 절차에 의해 응당한 존중을 받게 되기 때문이다. 각각의 소송에서 찻잎으로 점을 쳐서 판결을 내리는 자의적인 판사가 있다고 상상해보라. 그리고 어느 날 그의 판결이 모두 옳았다고 가정해보라. 정의가 행해졌는가? 피고인들은 그렇게 생각하지 않을 것이며(그러한 상황에서 사람들은 소송의 실제 결과보다는 자신들에게 적용될 공정한 절차를 더 의식한다는 것이 관련 연구에 의해 밝혀지고 있다), 우리도 그렇게 생각해서는 안 된다.

몇몇 경우에는 결정에 이르기까지 동원되는 절차의 문제가 정의의 **전부**이기도 하다—거기서는 그 결과에 적용할 수 있는 독립적인 기준은 존재하지 않는다. 예를 들어 힘들고 위험한 일이 있고 누구도 그 일을 해야 할 특별한 이유(가령 특수한 기능 같은)가 없다면, 우리는 제비뽑기로 누군가를 정할 수 있다. 이것은 누구든 선택될 평등한 기회를 지니기 때문에 공정한 절차다. 또는 어떤 팀이 주장을 뽑아야 하는 경우에 투표로 정하는 것도 역시 공정한 절차다. 왜냐하면 구성원 모두의 선호가 평등하게 고려되기 때문이다. 때때로 이와 같은 절차는 더 큰 쟁점을 판가름하는 데 동원되기도 한다. 예를 들어 무작위 추출법은 누가 군대에 소집될 것인지 결정하거나 주요 공직을 맡을 사람을 선출하는 데 사용되어왔다. 그러나 일반적으로 우리는 정의를 순전히 절차상의 용어로 이해하기를 꺼린다. 우리는 한낱 무작위의 결과가 아니라 좀더 실질적인 의미에서 공정한 결과가 도출되는 절차를 원한다.

그렇다면 결과가 공정할 경우, 결정을 하는 데는 어떤 원리들이 적용될까? 앞에서 정의의 핵심 개념에 대해 언급한 것에 비추어보면, 하나의 명백한 후보는 평등이다. 즉, 무엇을 배분하든 모든 사람이 동등한 몫을 가져야 한다는 것이다. 이것은 앞에서 복권 당첨금의 예에 적용한 원리다. 좀더 일반적으로는 분배되어야 할 편익이 존재하거나 부담해야 할 비용이 있는 경우에, 그리고 그것을 받는 사람들 사이에서 차이를 발견할 타당한 이유가 없는 경우에 이 원리는 적용된다. 이러한 상황에서 평등을 뒷받침하는 두 가지 이유가 존재한다. 첫째 이유는 단적으로 다른 처우를 할 타당한 이유가 없을 때는 그 이외의 방식으로 편익과 비용을 배분하면 자의적일 수밖에 없다는 것이다. 둘째 이유는 편익과 비용 양쪽을 평등하게 배분하는 방식이 모든 면에서 좀더 순조로운 경향이 있다는 것이다. 앞에서 다룬 첫 사례로 돌아가서, 내가 100파운드에 대한 권리를 주장하는 다섯 사람에 관해 아무것도 알지 못하고, 그 전액을 무작위로 뽑은 한 사람에게 줄지, 아니면 다섯 사람에게 평등하게 나눠줄지 결정해야 한다고 가정해보자. 절차상으로는 양쪽 모두 공정한 결정이지만, 후자의 결과가 좋을 것 같다. 왜냐하면 다른 조건들이 동일하다면, 받는 사람이 누구든 처음의 20파운드의 가치는 나중의 추가분의 가치보다 크기 때문이다. 예를 들어 다섯 사람이 굶주림에 시달리고 있다는 사실이 밝혀졌다고 가정해보자. 그 경우 만약 어느 한 사람이 100파운드 전액을 받게 되면, 나머지 네 사람은 굶어죽고 말 것이다. 물론 그 반대가 적용되는 상황도 있다―살아남으려면 100파운드가 필요하고 20파운드는 의미가 없다. 만약 그것을 알고 있다면, 나는 무작위로 한 사람을 골라내야 한다. 왜냐하면 그에 따라 각자는 적어도 5분의 1의 생존 기회를 얻을 것이기 때문이다. 하지만 그런 경우는 예외적이다. 일반적으로는 편익을 평등하게 공유하는 것이 좋으며, 그것은 비용에 대해서도 적용된다—비용이 가능한 한 넓게 분산되면 누군가가 심하게 고통받는 일이 줄어든다.

따라서 정의로운 분배 원리의 하나는 평등이며, 일부 정치철학자는 그것이 유일한 원리라고 주장했다. 모든 정의는 일종의 평등이라는 것이다. 그러나 나로서는 이 생각은 정의에 대한 정의(定義) 자체에 내포되어 있는 형식적인 원리—사람들 사이에 타당한 차이가 없다면 그들을 평등하게 대해야 한다—와, 실질적인 원리—모든 사람이 양적으로 동등한 편익 또는 비용을 실제로 받아야 한다—를 혼동하고 있다고 믿는다. 왜냐하면 아주 많은 경우에 사람들 사이에는 타당한 차이가 실재하기 때문이다. 이것은 가령 형벌의 예를 보면 아주 명확하게 드러난다. 유죄이든 무죄이든, 주차 위반자든 연쇄 살인범이든 죄에 관계없이 양적으로 동등한 형벌을 받아야 한다고 생각하는 사람은 없다. 이것은 편익이 배분되는 경우에도 적용된다.

사람들을 같은 방식으로 대하지 않는 좋은 이유의 하나는 그들이 서로 다른 필요를 지니고 있다는 것이다. 굶주리거나 병든 사람들에게—최소한 그들이 무책임하게 행동함으로써 스스로 결핍 상태를 초래한 것이 아닌 한에서—영양 상태가

좋고 건강한 사람들에게보다 더 많은 물자를 줘야 한다는 데
반대할 사람은 없다. 하지만 모든 사람이 하나같이 이것이 정
의가 요구하는 것이라고 여기지는 않는다. 가난한 사람들을
돕는 것은 자선의 문제라고 보는 오랜 전통이 있다. 그러한 지
원은 권장되어야 할 일이지 반드시 요구되는 일은 아니라는
의미다. 로렌체티는 거의 확실히 이러한 견해를 취하고 있었
을 것이다. 그가 묘사한 '정의'를 표상하는 인물은 가난한 사
람에게 시혜를 베푸는 성향을 드러내지 않는다. 그런 소임은
가난한 사람들이 나타났을 때 나눠줄 금화를 담은 쟁반을 무
릎 위에 올려둔 채 앉아 있는, '너그러움'을 표상하는 인물에
게 맡겨져 있다. 그러나 이전에는 좀더 작은 공동체들―종교
공동체나 장인 길드 등등―에 맡겨졌던 그 소임을 국가가 넘
겨받게 됨에 따라, 필요성은 사회 정의의 관념에서 하나의 중
심 요소가 되었다. 국가는 개개의 시민이 식재료나 의복, 또는
적절한 의료 서비스를 받는 등의 기본적인 필요를 충족시키
기에 충분한 수입을 얻을 수 있도록 보장할 것이라는 기대를
모으게 된다.

그러나 참다운 필요를, 사람들이 정의의 이름으로 행할 수
있는 다른 요구들과 구별하는 것은 가능할까? 일부 비판자들
은 필요를 일종의 블랙홀―정의야말로 우리에게 그 필요를
충족시킬 것을 요구하는 것이라면, 사회의 자원은 모두 그 속

으로 빨려들어갈 것이다—이라고 생각한다. 그렇다면 필요
성이 있다는 것은 어떠한 것일까? 그것은 모종의 필수적인 것
이 결여되어 있음을 의미하는데, 거기서 무엇이 필수적인지
는 부분적으로 당신이 속한 사회의 기준에 의해 결정된다. 보
편적인 필요라는 것도 존재한다. 왜냐하면 언제 어디서나 인
간의 생존에 사활적인 중요성을 갖는 신체적 능력과 관련되
는 필요가 존재하기 때문이다. 예를 들면 누구나 적절한 영양
상태를 유지하려면 하루에 상당한 양의 칼로리를 필요로 하
며, 질병에 걸리지 않으려면 깨끗한 물을 구할 필요가 있다.
하지만 그 밖의 필요는 바로 그 사람이 살아가는 사회에서 기
대되는 것에 달린 까닭에 훨씬 다양하다. 모든 사람은 적절한
의복을 필요로 하지만, 무엇을 가리켜 적절한 의복이라고 할
지는 장소에 따라 다를 것이다. 모든 사람은 이동할—이리저
리 움직이는 능력을 지닐—필요가 있지만, 이동의 범위나 그
형태도 다양할 것이다. 그렇다면 필요란 누군가가 자신이 속
한 사회에서 버젓한 삶을 누리고자 할 경우 충족되어야 할 일
련의 요구인 셈이다. 필요는 어느 정도까지는 사회에 상대적
이지만, 비판자들이 말하듯이 단지 주관적인 것만은 아니다.
경제적으로 발전한 사회들에서는 모든 시민의 참다운 필요를
충족시키기가 아주 쉽고, 그러고도 다른 목적에 투입할 수 있
는 자원이 충분할 것이다. 실제로 이런 사회들에서는 그렇게

하고자 하는 정치적 의지만 있다면 모든 곳에서 (지역적으로 정의된) 필요를 충족시킬 수 있는 충분한 자원이 존재한다.

가령 필요가 제각각인 것이 우리를 평등한 처우를 하지 않으려는 방향으로 이끈다면, 각각에 차이가 있는 공적(desert)이나 진가(merit)는 우리를 또다른 방향으로 이끈다. 우리는 다시금 물어야 한다. 마땅히 뭔가를 받을 만하다는 것은 무엇을 의미하는가? 그것은 당신이 행한 것에 대한 응답으로서, 특정한 양식의 처우를 요구하는 방식으로 행동했음을 의미한다. 어떤 사람이 호의적인 처우, 예컨대 사례, 수입, 상 등등을 받을 만한 것은 어떤 형태로든 남들이 상찬할 것으로 여겨지는 방식으로 행동했기 때문이다. 가령 남들에게 이익을 가져다주는 프로젝트에 시간과 노력을 기울이는 것 등이다. 또 어떤 사람이 비난이나 처벌 같은 호의적이 않은 처우를 받을 만한 것은 예를 들어 그 사람이 다른 사람에게 위해를 가하는 데 관여한 개탄스러운 경우다. 어떤 사람이 뭔가를 받을 만한 근거는 경우에 따라 다양하며, 그래서 우리는 누군가가 뭔가를 받을 자격을 가지려면 무엇을 해야 하는지에 대해 더이상 개별적인 것은 아무것도 말할 수 없다. 하지만 공적과 책임의 관련성은 강조해둘 가치가 있다. 우리는 누군가가 마땅히 뭔가를 받을 만하다고 말하려면, 그 사람이 보인 책임 있는 행위나 성취에 근거해야 한다. 그래서 예를 들어 누군가는 위해를 가한 행위에 대해 자신은 책임이 없음을 입증함으로써 처벌을 면할 수 있다—가령 그의 행위가 강제된 경우나 그때 착란을 일으킨 경우다. 긍정적인 경우에 관해서도 마찬가지로 말하자면, 자신이 의도하지 않은 행위나 예기치 못한 행위의 결과에 의해 신망을 얻을 수는 없다. 만약 내가 낯선 사람의 생명을 구했다면, 나는 어떤 사례, 적어도 마음에서 우러난 감사를 받을 만하다. 그러나 만약 내가 거리를 서둘러 지나다가 그를 길가로 거칠게 밀어붙인 순간에 때마침 암살자의 총탄이 빗나갔다면, 내 행위는 아예 그러한 사례를 받을 자격이 없을 것이다. 그의 생명을 구한 것은 내 의도가 전혀 아니며, 그래서 나는 그 행위에 대한 책임을 주장할 수 없는 것이다.

공적은 대다수 사람들이 정의를 이해하는 데서 중심적인 역할을 하지만, 필요성의 원리와 마찬가지로 그것도 다양한 방면에서 공격을 받아왔다. 이 원리를 구사하면 소득과 재산상의 극심한 불평등을 너무도 쉽게 정당화할 수 있다고 비판자들은 종종 주장한다. 그리고 고소득층 사람들이 사회에 대한 자신들의 기여를 생각하면 그에 걸맞은 사례 이상의 소득을 얻고 있는 것은 아니라고 주장하는 경향이 강한 것도 확실한 사실이다. 하지만 아마도 여기서는 공적이라는 생각 자체보다는 기여의 규모를 측정할 정확한 방법이 문제일 것이다. 좀더 철학적인 반론에 따르면, 사람들은 공적에 관한 주장을 정당화하는 데 필요할 만큼 강한 의미에서 자신들의 행동에 대해 진정으로 책임을 질 수는 없다. 한 사람의 성취를 되돌아 보면, 거기서는 그 사람 자신을 넘어 거슬러오르는 원인의 연쇄가 발견된다. 그 사람은 하나의 방식이 아니라 다른 방식으로 행동하기를 선택할 수 있는 성향을 포함하여 특정한 능력과 성향을 지니고 태어난 것이며, 다른 능력과 성향도 그 가족에게서 서서히 주입된 것이다. 그런 까닭에 좋은 행동에 대한 '신망'이나 나쁜 행동에 대한 '비난'은 실제로는 그 사람의 유전자나 부모에게로 향해져야 한다. 공적에 대한 이와 같은 반론은 개인의 책임에 관한 근본적인 물음들을 제기하지만, 여기서는 그것을 다룰 여유가 없다. 그러나 나로서는 이 공적이라는 생각을 지워버리면 아주 극적인 변화가 일어나리라는 것은 지적해둘 가치가 있다고 생각한다. 만약 우리가 다른 사람들에 대한 상찬이나 비난, 또는 보상이나 처벌을 완전히 멈출 수 있다면, 사회적인 상호 작용은 매우 근본적인 방식으로 변화할 것이다. 그 경우에는 사실상 다른 사람들을 좀처럼 인간으로서 대할 수 없게 될 것이다. 일단 이 점을 인정한다면, 진정한 쟁점은 우리가 정의를 이해하는 방식에서 공적이 모종의 역할을 해야 하는지 여부가 아니라 공적이 어느 정도의 역할을 맡아야 하는지에 관한 것임을 알 수 있다. 특히 소득이나 부와 같은 물질적 자원의 분배에서는 공적이 끼칠 영향을 어느 정도까지 허용해야 할까?

　필요와 공적은 왜 정의가 우리에게 사람들을 다른 방식으로 대하도록 요구할 수 있는지 두 가지 기초적인 이유를 제시한다. 다른 이유도 존재하지만, 그것들은 덜 기초적이다. 예를 들어 사람들은 종종 자신들이 대해지는 방식에 관해 필요나 공적과는 아무 관계도 없을 것 같은 정당한 기대를 품으며, 때때로 정의는 우리에게 그러한 기대에 경의를 표하도록 요구한다. 약속과 계약은 그 명백한 예들이다. 앞에서 거론한 원래의 예로 되돌아가자면, 지금 내 앞에 서 있는 다섯 사람 가운데 한 명에게 100파운드를 주기로 약속한 것이 사실이라고 가정해보자. 그 경우 그것은 내가 그에게 전액을 주는 충분한 이유가 될 수 있다. 그리고 다른 이유에 의해 반환이나 배상을 포함한 특별한 처우가 정당화될 수도 있다. 자신이 권리를 부여받은 편익을 부당하게 박탈당한 사람은 그 편익이 회복되거나 그것이 안 된다면 그와 동등한 가치를 지닌 다른 것이 주어짐으로써 배상받아야 한다. (내가 이 이유를 덜 기초적인 것이라고 생각하는 것은 이러한 기대가 이미 실질적인 의미로 정의로운 맥락에서 형성되었음을 전제하고 있기 때문이다.) 결국 정의를 실행하는 것은 복잡한 문제이며, 무엇으로 당사자들에게 응분의 몫을 주었다고 생각할지는 대체로 맥락에 따라 결정된다는 것을 우리는 다시금 알게 된다.

지금까지 나는 정의를 일반적인 용어들로 살펴봐왔으며, 정의를 증진하는 데서 정부가 맡는 역할에 관해 특별히 주목하지는 않았다. 이 장의 나머지 부분에서 나는 **사회** 정의의 관념—일련의 사회·정치 제도를 제대로 정립하면 사회 전체에 걸쳐 편익과 비용의 공정한 분배를 보장할 수 있다는 관념—을 탐구하고자 한다. 이 관념은 19세기 후반에 처음 등장했으며, 20세기 전체에 걸쳐 정치적 논쟁의 중심에 놓여 있었다. 사회 정의라는 관념은 국가가 이전 시기의 국가에서는 설령 그 구성원들이 원했다고 하더라도 고려할 수 있었던 것보다 훨씬 더 적극적으로 분배 문제에 관여할 것을 요구한다. 그것은 논쟁의 여지가 있는 관념이기도 하다. 정의의 관념 자체에 대해서는 단지 소수의 극단적인 회의론자들만이 공격했던 것과 달리, 사회 정의는 주로 자유 지상주의적인 우파 비판자들에 의해 웃음거리가 되었다. 그들은 사회 정의가 개인의 자유, 특히 시장 경제가 요구하는 경제적 자유를 좀먹는다고 여긴다.

사회 정의에 대한 공격을 좀더 자세히 살펴보자. 예를 들어 오스트리아의 경제학자이자 철학자인 프리드리히 하이에크와 같은 비판자들은 무엇보다도 사회 정의에 관해 이야기하는 것 자체에 수반되는 근본적인 오류가 있다고 주장했다. 하이에크에 따르면 정의란 기본적으로 개인의 행위가 지니는

속성이다. 하나의 행위는 사회가 그 구성원들이 서로 협조할 수 있도록 마련한 일반적 규칙을 위반할 때 정의롭지 못하다고 여겨진다. 그래서 예를 들어 도둑질이 정의롭지 못한 것은 그것이 재산을 보호하는 규칙을 위반하기 때문이다. 그러나 사회 전체에 걸쳐 돈, 재산, 취업 기회 등의 자원이 어떻게 분배되는지 살펴본다면, 우리는 이 분배가 정의롭다거나 정의롭지 못하다고 기술할 수 없을 것이다. 왜냐하면 그것은 단일한 행위자가 아니라 수백만 명의 개개인이 행동하고 결정한 결과이며, 그들 가운데 누군가가 특정한 분배 결과를 낳고자 의도한 것은 아니기 때문이다.

하이에크는 현대 세계에서 모든 사회가 복잡하다는 것을 전제하면 '사회적 분배'를 어떤 단일한 분배 행위자에게 돌릴 수 없다고 지적한 점에서 확실히 옳다. 그러나 그가 간과하는 것은 우리 주위에서 관찰되는 분배 양식이 대체로 우리가 의도적으로 또는 비의도적으로 창출한 제도들, 예컨대 재산권과 계약을 지배하는 일반적인 규칙, 과세 체계, 그리고 의료 서비스나 교육, 주택에 대한 공적 지출의 수준, 고용 정책 등에 달려 있다는 점이다. 이 제도들은 모두 정치적 결정에 의해 변경될 수 있다. 그래서 그것들을 있는 그대로 두면, 기존의 자원 분배를 받아들이는 결정을 내린 것과 마찬가지가 된다. 더 나아가 우리는—여기서도 세부적인 사항은 아니더라도—제안된 제도상의 변경이 미치는 효과를 이해할 수 있다. 그런 한에서 사회 전체에 걸친 자원 분배, 즉 누가 어떤 편익을 누리고 소득은 어느 정도나 확산될 것인지 등은 민주주의 체제에서는 우리의 집합적 통제를 받는 대상이다. 그러므로 사회적 자원의 공정한 분배란 어떤 것인지, 즉 사회 정의가 요구하는 행위는 무엇인지 묻는 것은 전적으로 합당하다.

그렇다고 해서 사회 정의는 우리가 추구해야만 하는 것이라고 말하는 것은 아니다. 하이에크의 또다른 주장은 자원 분배를 우리가 선호하는 분배적 정의의 원리와 무리하게 부합시키려고 시도하면 경제적 자유는 파괴되고 그리하여 황금알을 낳는 거위는 죽게 되리라는 것이었다. 여기서 시장 경제야말로 생산과 교환을 조직하는 가장 효율적인 방법이며, 그 어떤 대안도 경제적으로 발전한 사회의 생활 수준을 견딜 수 없을 정도로 낮추게 되리라는 하이에크의 주장이 옳다고 가정해보자. 문제는 사회 정의를 추구하는 것이 과연 시장 경제에 등을 돌리는 것을 의미하는지, 아니면 비록 올바른 방식으로 형성되고 다른 제도들이 그것과 협조적으로 기능하는 시장 경제가 있는 경우라도, 사회 정의의 목표를 과연 시장 경제를 통해 추구할 수 있는지 하는 것이다.

여기서 우리는 사회 정의의 관념을 해석하는 다양한 방법을 살펴둘 필요가 있다. 가장 급진적인 버전은 마르크스주의자들과 제2장에서 거론한 공동체주의적 아나키스트들의 일부가 신봉하는 해석인데, 그것은 사회 정의를 평등과 필요성의 원리로 환원한다. 그들의 견해에 따르면, 정의로운 사회란 개개의 구성원들이 자기 능력껏 최선을 다해 기여하지만 자원은 필요에 따라 분배되고 그 잉여는 모두 평등하게 나눠지는 사회다. 거기서는 사람들에게 인센티브가 필요하다거나 개개인은 그 기여에 합당한 물질적 대가를 받을 자격이 있다는 생각이 존재할 여지가 없다. 그러한 사회는 존립할 수 있을까? 소규모라면 틀림없이 가능할 것이다. 그 구성원들이 사회 정의를 자신들 사이에서 이런 급진적 형식으로 실천한 공동체의 사례는 풍부하다. 이러한 공동체는 대부분 종교적인 토대를 지녔으며, 개개의 구성원이 어떤 개인적 대가도 기대하지 않은 채 공동체의 공동선을 위해 일하는 기풍을 유지하고자 종교적 권위에 의지해왔다. 물론 같은 목표를 달성한 세속적인 사례—가장 유명하게는 이스라엘의 키부츠—도 존재한다. 이 공동체들은 적어도 그 내부에서는 시장을 필요로 하지 않았다. 그들은 때때로 '도덕적 인센티브'라고 불리는 것에 의거했다. 요컨대 사람들이 저마다 공헌을 하는 것은 단적으로 자신이 그렇게 해야 한다고 믿거나 자신에 대한 이웃들의 시선을 느끼기 때문이다.

　문제는 대규모 사회에서 과연 이러한 형식의 사회 정의를 실천할 수 있는가 하는 것이다. 그곳 사람들의 행동에서는 소규모 공동체에서 싹틀 수 있는 비공식적인 협조가 이루어지기 어려울 것으로 생각된다. 그 경제는 사람들에게 남들이 소비하고자 하는 자원을 생산하도록 인센티브를 주는 시장에 기초한 것이거나, 아니면 무엇을 생산할지 계획하고 그 계획에 따라 개인들을 이끌 중앙의 권위를 지닌 국가가 주도하는 것일 수밖에 없다. 이론상으로는 물질적 인센티브에 의거하지 않는 시장과 중앙 계획 경제 둘 다를 상상할 수 있지만, 실제로는 실현 불가능하다는 것이 입증되었다(20세기 중반에 공산주의 체제하의 중국이나 쿠바에서 물질적 인센티브를 도덕적 인센티브로 대체하려는 시도가 이루어졌지만, 그 어떤 실험도 성공하지 못했다). 이런 급진적 형식으로 사회 정의를 추구하려면 시장에 의거하지 않고 그것과는 극단적으로 다른 공동체주의적인 토대 위에서 사회를 재구축할 필요가 있을 것으로 보인다.

하지만 사회 정의에 대한 견해로는 많은 민주적 사회주의자들 그리고 역시 많은 현대 자유주의자들에 의해 신봉되어온 그다지 급진적이지 않은 것도 존재한다. 이러한 견해에 따르면, 사회 정의는 모종의 사회적 편익 ― 특히 투표권이나 언론의 자유와 같은 시민의 평등한 권리 ― 의 평등한 분배를 요구한다. 그것은 모종의 편익을 필요성의 원리에 따라 분배할 것을 요구한다. 그래서 모든 사람은 적절한 수입을 얻고 주거를 확보하며 의료 서비스를 받는 것 등을 보장받는다. 그러나 이런 견해에서는 그 밖의 자원이 불평등하게 분배되는 것도 허용되는데, 그 경우 사람들이 더 큰 몫을 확보하고자 시도할 수 있는 평등한 기회가 존재하는 한에서 그러하다. 그러한 불평등은 공적이라는 생각에 근거해서 정당화되거나, 아니면 그런 불평등에 의해 물질적 인센티브가 주어짐으로써 사람들이 열심히 일하게 되고 다른 사람들이 원하는 재화나 서비스가 생산되어 사회의 모든 사람이 이익을 얻는다는 이유에서 정당화될 수 있다.

아마도 이런 종류의 사회 정의에 관한 가장 영향력 있는 해석은 존 롤스에 의해 전개된 것으로 보인다. 그는 자신의 저작인 『정의론』에서 정의로운 사회가 충족시켜야 하는 세 가지 조건을 논하고 있다. 첫째, 정의로운 사회는 개개의 구성원에게 그 밖의 모든 구성원을 위한 똑같은 자유와 양립하는 한, 가장 광범위한 일군의 기본적 자유(투표권과 같은 여러 정치적 자유를 포함)를 부여해야만 한다. 둘째, 더 큰 이익을 가져다주는 사회적 지위 ─ 예를 들어 고소득 일자리 ─ 는 기회의 평등에 기초하여 모든 사람에게 열려 있어야만 한다. 셋째, 소득과 부의 불평등이 정당화되는 것은 그것들이 사회에서 가장 형편이 나쁜 구성원들의 이익이 되도록 작용하는 것으로 보일 때, 다시 말하면 그것들이 사회 전체의 생산성을 높일 인센티

12. 존 롤스, 막강한 영향력을 지닌 『정의론』의 저자.

브를 제공하고, 더 많은 자원이 사회의 밑바닥에 있는 사람들에게 흘러들 가능성이 있는 경우다.

롤스에 의한 사회 정의의 이론은 명시적으로 시장 경제가 존재할 여지를 남긴다. 그의 세번째 원리는 다음과 같은 가능성을 허용하도록 정식화되었다. 즉, 사람들이 열심히 일하고 그 재능을 가장 효과적인 방식으로 사용하기에 충분한 동기를 지닐 수 있으려면, 그들이 시장을 위해 재화와 서비스를 생산해 얻을 수 있는 이득의 적어도 일부를 자기 것으로 가질 필요가 있을지도 모른다는 가능성이다. 이로써 사회 정의와 시장의 자유는 서로 충돌하는 목표라는 하이에크의 주장은 무너진다. 한편으로 롤스의 원리들에 의해 제어되는 시장 경제는 오늘날 대부분의 자유 민주주의 국가들에 존재하는 경제 체제와는 전혀 다른 모습일 것이다.

우선 기회의 평등에 대한 롤스의 생각은 상당히 급진적이다. 이익을 가져다주는 지위는 거기로 나아가는 데 좀더 어울리는 자질을―그 선별 시점에―보일 수 있는 사람들에게 주어져야 한다는 것으로 충분하지 않다. 지원자들이 그런 자질을 갖출 평등한 기회를 지니는 것 또한 요구될 수밖에 없다. 이것은 동등한 재능과 동등한 동기를 지닌 사람들이 그 탄생 순간부터 줄곧 학교나 그 밖의 공간에서 평등한 기회를 부여받아야 한다는 것을 의미한다. 이러한 조건은 현실 사회에서 실현되고 있는 것과는 분명히 거리가 멀다. 더구나 보통 '차등의 원리'라고 불리는 롤스의 세번째 원리는 가장 나쁜 상황에 놓인 사람들의 이익이 제시될 수 있는 경우에만 불평등을 허용한다. 실제로 이것은 이익이 부자에게서 빈자에게로 지속적으로 재분배되도록 하기 위해 정부가 형편이 나은 사람들의 생산성이 떨어져서 세수가 감소하기 시작하는 한계 수준으로까지 세율을 높여야 한다는 것을 의미한다. 대부분의 민주주의 국가가 나름대로 재분배적인 조세 제도를 운용하고 있긴 하지만, 이런 요구에는 훨씬 미치지 못한다. 세금은 모든 시민에게 적절한 수준의 복지 서비스가 제공되는 방식으로 정해지지만, 어느 정부도 과거 노동당 내각의 재무장관을 지낸 데니스 힐리가 제안했다는 것처럼 "부자를 죽는소리 낼 때까지 쥐어짜려고" 하지는 않는다.

나 자신의 견해를 말하자면, 사회 정의의 이론은 롤스가 제시한 처음의 두 가지 원리, 즉 평등한 자유와 기회의 평등을 견지해야 하지만, 차등의 원리를 이것과는 다른 두 가지 원리로 대체해야 한다는 것이다. 첫째는 최소한의 사회 보장 원리다. 이것은 모든 시민에게 버젓한 삶을 제공하기 위해 충족시켜야만 하는 일련의 필요라는 관점에 이해될 수 있다. 앞에서 지적했듯이 이 최소한은 고정된 것이 아니라 사회마다 다르고 시대마다 변한다. 둘째는 공적의 원리다. 소득과 부의 불평등은 서로 다른 사람들이 이룬 상대적인 기여도에 비례해야 하며, 그 기여도는 다른 사람들이 필요로 하거나 원하는 재화와 서비스를 생산하는 데 개개인이 어느 정도나 성공했는지에 따라 측정된다. 롤스의 이론과 마찬가지로, 이런 원리들도 시장 경제의 배제를 수반하지 않는다. 그러나 이런 원리들의 요구에 의해 국가는 광범위한 복지 시스템을 유지하게 되는 것이며, 사람들이 이룬 경제적 기여와 그들이 소득으로 받는 것 사이에 가능한 한 긴밀한 연결을 낳는 방식으로 시장이 기능하도록 국가는 법적인 틀을 정비하게 되는 것이다. 이것은 자본주의 경제가 현재 작동하고 있는 방식에 대해 몇 가지 커다란 변화를 요구할 것이다. 왜냐하면 재산 소유와 상속에 관한 현행 규칙들 아래에서 사람들에게는 행운이나 상속받은 부, 기업 임원 자리 등등—즉, 사회에 대한 개개인의 기여와는 무관한 요소—이 가져다주는 막대한 보상을 얻는 것이 허용되기 때문이다. 실제로 사회 정의를 추구하면, 우리는 모종의 시장 사회주의의 방향으로 이끌릴 수도 있을 것이다. 거기에서 경제적 조직은 실제 생산자들이 이윤을 공유할 수 있도록 하기 위해 외부의 주주가 아니라 그 속에서 일하는 사람들에 의해 소유되고 관리된다. 이런 사회는 마르크스나 그 밖의 급진적 사회주의자들이 선호하는 공산주의 유토피아가 아니다. 왜냐하면 그것은 좀더 열심히 일하고 좀더 재능 있는 개인이 자기 노동의 열매를 거두도록 허용하기 때문이다. 하지만 그것은 적어도 자유 민주주의가 관계되는 한, 현재의 정치적 의제로부터는 동떨어져 있다.

민주주의와 마찬가지로 사회 정의도 미완의 기획이다. 정치철학자의 일은 공중누각을 세우거나 당대의 정치적 현실에 지나치게 적응하지 않으면서 정의로운 사회는 어떠해야 하는지 그 윤곽을 제시하는 것이다. 많은 사람들은 오늘날 사회 정의의 추구는 모든 국가가 전 지구적 발전으로 인해 시장 경제를 정의가 요구하는 대로 규제할 힘을 축소시키는 탓에 막다른 골목에 다다랐다고 믿는다. 나는 이 책의 마지막 장에서 이 물음으로 되돌아올 것이다. 그러나 먼저 정의의 전통적인 이해에 대한 또다른 도전, 즉 페미니즘과 다문화주의에 의해 제기된 도전에 주목하고자 한다.

제 6 장

페미니즘과
다문화주의

오늘날 서구 민주주의 국가들에서는 여성과 문화적 소수자 집단의 입장을 둘러싼 논쟁에 상당한 정치적 관심이 쏠리고 있다. 페미니스트와 다문화주의자들은 종종 자신들과 관련되는 쟁점들, 즉 개인의 정체성의 본성, 공적인 삶과 사적인 삶의 구분이 가능한지 여부, 문화적 차이에 대한 존중 등을 둘러싼 쟁점들이 내가 앞에서 검토한 권력, 민주주의, 자유와 정의에 관한 물음들을 대체했다고 주장한다. 실제로 정치 자체의 본성이 변해버렸다. 이제 정치는 정부 기관들에서 일어나는 일보다는 일상적 상호작용 속의 개인들─남성과 여성, 백인과 흑인, 그리스도교인과 무슬림─사이에서 일어나는 일들과 더 관련된다. 따라서 정치철학은 완전히 새로운 초점에 따라 다시 쓰일 필요가 있는 것이다.

나로서는 그러한 주장들이 과장되어 있다고 믿는다. 그래서 이 장에서는 왜 그러한지 설명하고자 한다. 확실히 페미니스트나 다문화주의자들이 제기하는 쟁점들은 매우 중요하며, 그래서 정치에 관한 우리의 사고방식을 마땅히 바꿔야 한다. 하지만 그러한 쟁점들이 이전과 마찬가지로 오늘날에도 긴급한 것으로서 남아 있는 오랜 물음들을 대체해서는 안 된다. 오히려 그것들은 오랜 물음들에 새로운 차원을 제공한다. 여기서 나의 목표는 우리가 페미니즘과 다문화주의의 논의를 통해 정치권력, 민주주의, 자유와 그 한계, 그리고 정의에 관한 생각을 어느 정도까지 변화시켜야 하는지 탐구하는 것이다.

이러한 관점을 유지하는 한 가지 방법은 페미니즘이나 다문화주의가 정치적 논쟁의 중심으로 이동한 상황에 관해 묻는 것이다. 또는 역방향에서 묻는, 그러니까 왜 여러 세기 동안 남성과 여성의 관계나 문화적 소수자 집단의 입장이 정치사상 관련 저작 속에서 으레 무시되었는지 묻는 방법도 있다. 이런 무시를 모종의 거대한 감시로 보거나, 사회의 지배적인 집단들이 그것을 의도적으로 논제에서 제외시켰다고 주장하는 사람이 있다고 해도 흥미로운 일로 여길 만하다. 페미니즘의 경우를 예로 들자면, 과거의 정치철학이 남성에 대한 여성의 종속을 자연스러운 사실이라고 생각하거나 여성은 정치적 삶에서 어떠한 적극적 역할도 맡지 않는다는 것 등을 당연시 하는 남성들에 의해 쓰였다는 것은 분명한 사실이다(존 스튜 어트 밀과 같은 우연한 예외가 있긴 했지만, 그것은 극히 드문 경우 였다). 하지만 그들이 그것을 당연시한 것은 누구도 반대론의 입장에서 논의를 펼치지 않았기 때문이다. 비록 우리가 뒤늦 은 깨달음으로 그들의 자기중심주의(chauvinism)를 비난할 수 있을지라도 — 많은 책들이 그런 시각에서 쓰였다 — 페미니 스트나 다문화주의자들의 주장을 이토록 진지하게 다루게 된 우리 자신의 사회가 어떤 사회인지 묻는 것이 좀더 유용할 뿐 만 아니라 어느 의미에서는 좀더 정직하기도 할 것이다. 어떻 게 우리는 우리의 선조들이 그토록 악명 높게도 이해하지 못 했던 것(예를 들어 여성이 남성과 똑같은 정도의 출세 기회를 가져 서는 안 될 이유는 전혀 없다는 것)을 이해할 수 있게 되었을까?

이에 대한 답은 우리 사회가 자유와 평등에 대한 약속에 기 초하고 있긴 하지만, 여성과 소수자 문화를 지닌 사람들의 경 우에는 이 약속이 아직껏 실현되지 못하고 있다는 것이다. 개 개인이 (제4장에서 탐구한) 일정한 제한 속에서 스스로 선택한 방식대로 삶을 살 수 있어야 한다는 것은 우리의 가장 강한 신 념 가운데 하나다. 개개인이 평등한 권리를 부여받거나 평등 한 기회를 부여받는 방식으로 평등한 존재로서 처우받을 자 격이 있다는 것도 마음 깊이 품고 있는 또다른 신념이다. 이러한 신념을 고려할 때, 만약 사회의 일부가 현행 사회·정치 제도 탓에 아주 제한된 개인적 자유밖에 누릴 수 없거나 평등한 처우를 받지 못하고 있다면, 그것은 중대한 정치적 문제가 된다. 그래서 예를 들어 직업과 가정생활을 조화시킬 선택지가 남성에게는 있지만 여성에게는 없는 경우, 또는 노동 시장에서 소수 민족 구성원이 다른 사람들에 비해 더 적은 기회밖에 누릴 수 없는 경우, 이것은 그들이 자기 사회의 완전하게 자유롭고 평등한 구성원으로서 처우받고 있지 않다는 것을 의미한다. 이와 같은, 특히 페미니스트들의 논의는 이미 특권화된 사람들을 위해 펼쳐지고 있는 것은 아닐까 하는 불평도 종종 들리지만, 그것은 당연한 일인지도 모른다. 유수한 금융업체에 고용된 한 여성이 자신의 주식 옵션이 남성 동료들의 그것에 비해 수백만 파운드만큼이나 가치가 낮다는 이유로 소송을 제기했다는 이야기가 있는데, 우리는 어떠한 기준에 비춰 보더라도 그 여성은 이미 극도로 잘 처우받고 있다고 여긴다. 이러한 반응은 어느 의미에서는 정당하지만, 다른 의미에서는 부당하다. 이러한 시각은 평등한 처우를 약속하는 사회에서 차별받아온 경험을 무시하는 것인데, 그러한 경험에는 편안한 삶을 보내고는 있지만 하나의 인격으로서의 가치는 인정받지 못해온 경험도 내포되어 있는 것이다.

　페미니스트들은 여성이 자유와 평등을 그저 명목상으로나

부분적으로만 누리는 것이 아니라 완전하게 누리게 되도록 사회를 변혁할 방법들에 관해 논의한다. 다문화주의자들은 지배적인 다수자에 의해 그 구성원들이 차별받거나 그 문화의 가치를 인정받지 못해온 민족 집단이나 종교 집단 또는 그밖의 집단들을 위해 비슷한 주장을 펼친다. 각각의 입장은 다양한 버전들로 나타나지만, 나는 여기서 이러한 것들을 기계적으로 모두 다루기보다는 페미니즘과 다문화주의가 앞의 장들에서 개진된 생각들에 대해 제기하는 일반적 도전을 탐구하고자 한다.

먼저 정치권력과 정치적 권위라는 쟁점에서 이야기를 시작해보자. 제2장에서 나는 이것을 **국가**의 권위에 관한 문제로서 다뤘다. 다시 말하면 나는 적어도 근대 사회에서 정치적 권위가 취해야 할 형식에 관해 물을 때 우리가 묻는 것은 국가가 어떠한 방식으로 구성되어야 하는지에 관한 것이라고 상정하고 있었다. 그러나 이러한 정치 이해의 방식은 많은 페미니스트로부터 도전을 받아왔다. 그들은 사람들이 서로 정치적 관계를 맺고 있는 공적 영역과 그 관계가 비정치적인 사적 영역을 구분하는 것은 불가능하지는 않더라도 문제의 여지가 있다고 주장했다. 다시 말하면 그들은 정치를 훨씬 더 편재적(遍在的)인 현상, 즉 우리 삶의 모든 측면에 간섭하는 현상으로 바라본다. 이러한 도전은 '개인적인 것은 정치적이다'라는 구호로 요약된다. 그 경우 정치권력에 관해 말하고자 한다면, 우리는 국가가 그 국민에 대해 행사하는 권력에 관해서뿐만 아니라 남성이 여성에 대해 행사하는 권력에 관해서도 이야기해야 하는 것이다.

이 도전에 신랄함을 부여하는 것은 과거뿐만 아니라 어느 정도는 오늘날에도 남성이 여성에 대해 권력을 행사하고 있다는 명확한 사실 그것이다. 남성은 여성을 경제면에서 계속 의존적인 상태—여성은 생존하려면 돈벌이를 하는 남성에게 의존할 수밖에 없었다—에 둠으로써, 한편으로는 여성 스스로 받아들이게 된, 생활상의 여성의 적절한 역할에 관한 관념들을 퍼트림으로써, 그리고 또 한편으로는 노골적인 물리적 폭력—남성의 명령에 복종하지 않는 자에 대한 폭력의 위협—에 의해 권력 행사를 해왔다. 이것들은 남성과 여성의 관계를 둘러싼 일반적인 주장이며, 개개의 모든 남성이 여성을 억누르기 위해 그런 세 가지 수단을 모두 사용해왔다고 말하는 것도 아니다—한편으로 여성은 종종 반격하는 방법을 발견했다. 하지만 그것들은 정치철학에서 보통 가시화된 적이 없는 종류의 권력을 가리킨다. 홉스와 같은 정치철학자들이 권력 투쟁과 그것을 통제하는 방법에 관해 쓸 때, 그들은 남성 간의 관계에 대해 생각하고 있다. 마치 남성과 여성의 관계를 둘러싼 문제는 이미 해결된 것처럼 말이다.

하지만 그렇다고 해서 우리가 이제부터는 이러한 관계를 정치적인 것으로서 생각하기 시작해야 한다는 것은 아니다. 정치는 권력에 관한 것, 즉 누가 권력을 쥐어야 하고, 권력은 어떻게 통제되어야 하는지에 관한 것이지만, 모든 권력관계가 정치적 관계인 것은 아니다. 몇 가지 익숙한 예들—학생에 대한 교사의 권력, 노동자에 대한 고용주의 권력, 병사에 대한 장군의 권력—을 생각해보자. 이들 각각의 경우에 후자는 전자를 자기가 원하는 방식대로 행동하게 할 수 있다. 그것은 자발적으로 받아들여진 권위를 행사함으로써, 또는 명령에 복종하지 않으면 모종의 결과—방과후에 붙들어두는 것, 해고, 군법 회의—가 초래된다고 위협할 수 있음으로써 이루어진다. 그렇다면 왜 이러한 관계들은 정치적 관계가 아닌가? 우리는 정치를 인간의 삶의 독특한 부분으로 만드는 것이 무엇인지에 대해 생각할 필요가 있다. 첫째, 정치에는 결정을 내리거나 결정을 집행하는 것이 포함되지만, 그런 일을 특정한 방식으로 행하는 데도 정치는 관계한다. 즉, 서로 다른 목소리나 이해관계에 스스로를 표명할 기회를 주는 방식이다. 정치가 반드시 민주적인 것은 아니며(궁정 내에도 정치는 있다), 반드시 도덕적으로 고결한 것도 아니다(토론이나 주장뿐만 아니라 위협이나 거래도 이루어진다). 그러나 독재자가 다른 목소리를 듣거나 이해관계에 걸린 사람들과 상의할 필요도 없이 자신의 의지를 강요할 수 있는 곳에 정치는 없다. 둘째, 정치권력은 인간의 삶의 모든 측면에 영향을 줄 가능성이 있다. 우리가 정치에 한계를 둘 수 있고 또 그렇게 해야 한다고 할지라도(제4장에서 검토했듯이 우리는 정치적 결정이 개입하기를 멈추는 개인적 자유의 영역을 명확히 구획해야 한다), 바로 이처럼 영역을 구획하는 행위 자체가 정치적 행위이다. 그리고 정치는 또한 우리가 각 개인이 서로 다른 삶의 도정에서 어떤 권력을 행사할 수 있어야 하는지 규정하게 해주는 수단이기도 하다. 학생에 대한 교사의 권위는 어느 정도까지 확대되어야 하는지, 고용주와 노동자 각각의 권리와 의무는 무엇이어야 하는지, 군대를 통솔하는 과정에서 장군에게 허용되는 것은 무엇이고 허용되어서는 안 되는 것은 무엇인지, 이런 것들은 정치적 결정의 문제인 것이다.

정치에 이와 같은 독특한 특징들이 있다면, 우리는 정치권력에 대한 페미니스트의 도전을 다른 형태로 제시할 수 있을 것이다. 남성과 여성의 관계에 대한 페미니스트의 지적은 본래적으로 정치적인 본성을 둘러싼 것이라기보다는 그 관계를 다루는 데서 보이는 **정치의 태만**을 둘러싼 것이다. 현재까지 다양한 형태를 취해온 정치권력은 남성과 여성 사이에 존재하는 특유하게 친밀한 관계에 대한 적절한 매개 변수를 설정하지 못했다. 정치권력의 태만은 많은 점에서 지적할 수 있다.

13. 여성해방의 대가: 버킹엄궁 밖에서 체포된 여성 참정권론자 에멀린 팽크허
스트. (1914년)

즉, 여성에게 적절한 신체적 안전, 특히 가정 내 폭력으로부터의 보호를 보장하지 못했으며, 여성이 삶의 여러 중요한 영역에서 남성과 평등한 권리를 누리도록 보장하지 못했고, 여성에게 개인으로서의 자유를 충분히 제공하지 못했다(이것이 무엇을 의미하는지에 대해서는 곧 살펴볼 예정이다). 바로 이런 정치의 태만에 의해 개인적 삶의 공간에서 남성이 여성에게 권력을 행사하게 된 것이며, 그렇게 된 명백한 이유의 하나가 여성이 여러 세기 동안 관습적 의미에서의 정치로부터 거의 전적으로 배제되어왔다고 하는 것이다.

여기까지의 논의에 의해 우리는 현재 실행되고 있는 민주주의에 대해 페미니스트와 다문화주의자들이 제기하는 비판을 접하겠지만, 그것을 검토하기 전에 나는 자유라는 쟁점을 좀더 자세히 살펴보고자 한다. 제4장에서 보았듯이, 자유는 대개 일종의 보호된 행위의 영역이라는 관점에서 이해되며, 그 영역 내에서 개개인은 자신의 삶의 방식을 결정할 기회와 수단을 가지게 된다. 페미니스트는—그리고 비슷한 주장이 다문화주의자들에 의해서도 제기되었다—이러한 관념에 두 가지 방식으로 도전해왔다. 첫째, 그들은 실제로 여성들은 사적인 영역에서 정치철학자들이 일반적으로 상정하는 것보다 훨씬 더 자유롭지 못하다고 주장해왔다. 둘째, 그들은 밀의 표현을 사용하자면 순수하게 '자기 관계적'인 것으로 보일 수 있는 행동이라도 사실은 그것이 여성의 이해관계에 결정적인 악영향을 끼칠 수 있다고 주장했다.

앞에서 보았듯이 자유에는 누군가에게 선택지의 범위가 열려 있다는 의미와 함께, 그런 선택지 속에서 선택할 능력이 있다는 의미도 들어 있다. 과거에 대다수 여성에게 열려 있던 선택지는 분명히 매우 제한되어 있었다. 결혼하고, 아이들을 키우며, 가정에서나 가정과 밀접하게 연관된 일부 직종에서 일하는 것 말고는 거의 선택의 여지가 없었다. 20세기에는 여성의 자유의 이런 외적 측면과 관련해 극적인 변화가 생겼다. 적어도 공식적으로는 거의 모든 직종이 여성에게 열렸을 뿐만 아니라 사적인 영역에서도 진정한 선택들이 이루어지게 되었다—즉, 결혼을 할지 말지, 이성 관계를 맺을지 말지, 자녀를 낳을지 말지 등의 선택이다. 그렇다고 해서 여성이 이 모든 면에서 남성과 비교해 **동등한** 자유를 누렸다고 말하는 것은 아니다. 왜냐하면 이미 보았듯이 자유란 서로 다른 행위를 할 때 생기는 비용의 문제도 있기 때문이고, 예를 들어 직업과 자녀 양육을 양립시키기로 했을 때 여성은 추가 비용을 부담해야 하는 경우가 아주 많기 때문이다. 하지만 더 어려운 쟁점은 자유의 내적 측면, 즉 선택할 능력과 관련된다.

페미니스트는 여성이 자신들의 사회에서 오랜 기간에 걸쳐 확립된 문화적 규범들에 더이상 신체적으로 순응하도록 강요받지 않는 곳에서도 여전히 그 규범들에 속박되어 있다고 주장해왔다. 이런 규범들은 특히 여성이 어떤 용모를 지녀야 하는지, 어떻게 행동해야 하는지, 남성과 어떤 관계를 형성해야 하는지 등과 관련된다. 이런 규범들은 여성의 인생의 초기 단계에서 그 정신에 새겨지는 것이어서 나중에 그에 도전하기는 매우 어렵다. 여성은 분명히 인생의 여러 영역에서—직업, 종교, 그리고 넓은 의미의 생활양식에서—실제로 선택을 하지만, 그것은 거의 언제나 여성다움에 관한 지배적 관념이 정한 범위 내로 한정된다. 그리고 치명적인 결과로 이어질지도 모른다. 예를 들어 외모에 대한 집착 탓에 10대 소녀들 사이에서 거식증이 유행할 수도 있고, 가정 내에서의 남녀 역할에 관한 신념 탓에 여성이 가사노동을 극도로 불공정하게 도맡을 수도 있다.

이런 쟁점을 다루기 어려워지는 것은 그것이 페미니스트 사이에서도 의견이 갈리는 또다른 물음과 얽혀 있기 때문이다. 즉, 남성과 여성은 본질적으로 공통의 본성을 지니는가, 아니면 남성과 여성 사이에는 스스로의 삶의 양식을 고르는 방식에서 언제나 대조를 보이는 깊은 차이들이 존재하는가 하는 물음이다. 만약 후자가 사실이라면, 우리는 여성이 특정한 문화적 규범들을 따르기로 선택할 때, 그러한 선택이 진정한 것은 아니라고 단정해서는 안 될 것이다. 그렇다고 해서 가령 10대 소녀들이 스스로 굶도록 부추기는 규범을 우리가 받아들여야 한다는 것은 아니다. 그러나 적어도 외모에 대해 남성보다 더 많이 신경을 쓰는 성질이 여성의 본성에 깊이 뿌리박혀 있을 수 있으며, 그 경우 삶의 이 부분에 관해서 여성이 하는 선택이 남성에 의한 선택과 다른 유형을 보인다고 해서 그것이 여성의 자유에 손실로 작용하는 것은 아니다.

이와 같은 선택에서 관찰되는 남녀 간의 차이가 장차 바뀔 수도 있는 문화적 규범들의 소산일 뿐인지, 아니면 남녀 고유의 차이를 반영하는 것인지 하는 물음을 우리는 어떻게 결정할 수 있을까? 이것은 대단히 복잡한 문제이며, 가장 현명한 방법은 존 스튜어트 밀을 따라 줄곧 불가지론자로 남는 것일지도 모른다. 밀은 『여성의 예속』(20세기 이전 페미니스트 정치철학의 극소수 사례 가운데 하나)에서 다음과 같이 쓰고 있다.

나는 두 개의 성이 현재 서로 맺고 있는 관계에서 파악되는 한, 누구든 두 성의 본성에 대해 아무것도 알지 못하고 알 수도 없다고 생각한다. 만약 여성이 없는 사회에서 남성이 목격되거나 남성이 없는 사회에서 여성이 목격된다면, 또는 여성이 남성의 지배하에 놓여 있지 않은 남녀의 사회가 존재한다면, 남녀 각각의 본성에 본래적으로 갖춰져 있을지도 모르는 정신적·도덕적 차이에 관해 뭔가를 명확히 알 수 있을지도 모른다.

이러한 증거가 없는 까닭에 우리는 자유의 외적 조건이 남성과 여성에게 공통되는—그들에게 가용한 선택지나 그러한 선택지를 고를 때 생기는 비용이 같아지는—것임을 보증할 수 있는 충분한 이유를 갖게 된다. 이런 점을 넘어서서 우리는 남성과 여성이 각각 어떻게 행동해야 하는지에 관한 지배적인 문화적 규범들의 영향력을 깨뜨리려고 애써야 할까, 아니면 오히려 전통적인 여자다움의 규범들이 전통적인 남자다움의 규범들만큼 높게 평가되도록 애써야 할까? 이런 물음은 이미 언급했듯이 페미니스트 사이에서 여전히 격렬한 논쟁거리로 남아 있다.

문화적 소수자들(종교적 또는 민족적 정체성이 그 사회의 다수자의 그것과 다른 사람들의 집단)도 개인의 자유에 대한 장벽에 직면한다. 현대 자유주의 사회에서 이런 사람들은 다수자 사람들과 공식적으로 동일한 교육 및 취업의 기회를 누리지만, 이런 선택을 추구하는 데는 종종 특별한 비용이 부가되기도 한다. 예를 들어 소수자 집단 사람들의 경우, 관습상 특정한 조건을 지키기 어렵다는 면에서 직업에 제한을 받기도 한다. 요컨대 종교적 또는 전통적 복장 규정과 충돌하는 복장상의 요구 사항이 있거나, 근무일이 종교적 관습과 양립할 수 없는 방식(이를테면 안식일에 일하도록 요구받는 것)으로 정해지는 것 등이다. 다문화주의자들은 여러 가지 기회가 공식적인 의미 이상의 방식으로 평등화되어야 한다고 주장한다. 여기서 문제가 되는 것은 비용 자체가 선택의 문제인 것처럼 생각될 수 있다는 점이다. 이를테면 만약 내가 종교적인 이유로 돼지고기를 먹지 않기로 선택한다면, 그것은 분명히 내 자유에 대한 제한이 아니다. 왜냐하면 이 제한은 내 스스로에게 부과한 것이기 때문이다. 그렇다면 이것과, 내가 특정한 스타일의 옷차림을 고집하는 까닭에 많은 고용주가 내게 일자리를 제공하지 않으려고 하는 것은 어느 정도나 다를까? 나는 그런 복장을 하지 않기로 선택할 수는 없는 것일까?

이 문제를 해결하기 위해서는 복장 규정이나 그 밖의 모든 유형의 직무 규정이 과연 문제가 되고 있는 일자리에 필수적인 것인지 여부를 결정할 필요가 있다. 복장과 관련한 요구 사항이 안전상의 이유로 부과될 수도 있고, 거기에 심미적인 문제가 내포되어 있을 수도 있다. (예를 들어 배우나 댄서는 제작자가 정한 옷차림을 준비해야 한다.) 그러나 그 규정이 관습적인 것 이상의 것이 아닐 경우, 그러한 규정이 폐지되거나 완화되지 않으면 자신들의 직업 선택의 자유가 제한받고 만다고 문화적 소수자들은 정당하게 주장할 수 있다. (물론 그 경우에 그들은 자신들의 복장 규정이 깊은 문화적 뿌리를 가지고 있으며, 따라서 그것을 위반하면 큰 희생이 요구된다는 것을 입증해야만 한다.)

이러한 배경에서 우리는 페미니스트와 다문화주의자들의

도전 결과, 자유의 관념 자체가 아니라 어떠한 조건하에서 사람들이 자기 삶의 방식을 진정한 의미에서 자유롭게 선택할 수 있는지에 관한 우리의 이해를 수정해야만 할 수도 있음을 알 수 있다. 같은 것이 자유의 한계를 이해할 때도 적용된다. 제4장에서 나는 다음과 같은 사례를 제시한 바 있다. 즉, 남들에게 단지 불쾌감을 주는 데 불과한 것 같은 행동, 따라서 밀의 정의에 따르면 '타자 관계적'이지는 않은 행동이 그 영향을 받은 누군가의 행동을 바꿔버릴 경우, 그 행동은 결과적으로 단지 불쾌감을 주는 것 이상의 것이 되기도 한다는 것이다. 페미니스트와 다문화주의자들은 이런 논의를 더 밀고 나가고 싶어할 수 있다. 그들은 예를 들어 여성이나 문화적 소수자 사람들이 묘사되는 방식, 특히 대중 매체에서 묘사되는 방식이 그런 사람들에 대한 처우의 일반적 양식에 큰 영향을 미칠 가능성이 있다고 주장할 것이다. 가령 여성이 성적 대상으로서 표상되거나, 흑인이 범죄자나 마약 판매자로서 묘사된다면, 그러한 표상은 아마도 직원을 구하려는 사람이나 승진 여부를 결정하려는 사람의 행동에 무의식적으로 영향을 미칠 것이다. 그 함의는 표현의 자유가 지금까지 우리가 생각해오던 것보다 더 제한되어야 한다는 것이다. 상처 입기 쉬운 집단에 속하는 사람들에게 해를 끼치는 표현을 쓰면 안 된다. 이런 이유로 포르노그래피의 금지를 요구하는 페미니스트들도 있다.

종교적 소수자를 대표하는 사람들은 신성 모독법의 지지를 주장하기도 한다. 그 법에 따르면 자신들의 종교에 대한 경멸적 언명은 금지되어야 하는데, 예컨대 살만 루슈디가 그의 저작『악마의 시』를 출간했을 때 일부 이슬람교도들이 보인 반응이 그런 경우다.

이런 주장들은 개인의 자유를 강하게 약속하는 사회들에 대해 문제를 제기한다. 결국 사람들이 관습에 도전하여 충격을 주거나 격분하게 함으로써 다른 사람들로 하여금 자신의 기존 신념에 의문을 품게 하기 때문에 자유는 참으로 가치 있는 것이 아닐까? 한 집단에 속하는 사람들에게 불쾌감을 주는 표현이나 행동은 칭찬하면서 한편으로는 다른 집단에게 불쾌감을 주는 표현이나 행동을 금지하는 행태는 과연 어떻게 가능할까? 일부 사람들에게 불쾌감을 줌에도 불구하고 해방적 계기를 지닌 표현 형식들과, 단지 공격적일 뿐인 표현 형식들을 구별하기 어려운 까닭에, 법률은 이 영역의 문제에 관해서는 그다지 쓸모가 없는 도구라고 결론지을 수 있다. 요컨대 공공의 자리에서 이루어지는 인종 차별 발언과 같은 극단적인 경우는 제쳐두더라도, 일반적으로 사람들은 어떤 표현이 허용 가능하고 어떤 것이 그럴 수 없는지 스스로 판단할 수 있어야 한다는 것이다. 그렇다고 해서 이런 쟁점들에 대한 공적인 토론을 배제하지는 않는다. 그런 논의를 통해, 사람들이 자신

과는 다른 문화적 배경을 지닌 다른 사람이 무엇을 불쾌한 것
으로 여기고 모욕적인 것으로 여기는지 좀더 의식할 수 있게
될 것이다. 다문화 사회에서 다른 집단이 품고 있는 문화적 가
치관에 대한 경의가 광범위하게 확산되는 것은 중요한 선(善)
의 하나다. 아울러 정치적 올바름을 약화시키는 것에 굴복하
지 않는 것도 중요하다. 어떤 문화가 자유와 평등—특히 여성
을 위한 자유와 평등—에 적대적인 요소를 내포하고 있는 경
우, 설령 그렇게 하는 것이 불쾌감을 주는 것을 의미한다고 하
더라도 아주 강력하게 그 문제성을 주장하기를 주저해서는
안 된다.

　여기서 민주주의의 문제로 옮겨가자. 보통선거제를 시행
하는 사회에서 페미니스트와 다문화주의자들 모두에게 중요
한 문제는 입법부인 의회 내에서 의석을 차지하고 있는 여성
및 문화적 소수자들의 대표가 상대적으로 소수라는 것이다.
왜 이것을 문제삼아야 하는가? 그들과 상반되는 입장에 있는
사람들은 다음과 같이 논하고 있다. 즉, 대표자들은 모든 유
권자에 의해 선출되고 유권자들에게 책임을 지기 때문에, 현
실적으로 여성과 소수자 구성원들의 대표자는 소수일지라
도 그들의 이해관계와 관심사는 여전히 대표자인 (백인) 남성
을 통해 전달된다. 다시 말하면, 문제가 되는 것은 설명 책임
(accountability)의 메커니즘이지 누가 실제로 의회나 국회 의

14. 영국 브래드퍼드에서 이슬람교도들이 『악마의 시』를 불태우고 있다. (1989년)

석을 차지하고 있는가가 아니라는 것이다.

이러한 대답은, 현존하는 민주주의 국가에서 선거로 뽑힌 대표자들은 유권자들이 제기할 기회를 전혀 갖지 못하는 쟁점들에 관해 결정을 내릴 상당한 자유를 가지고 있다는 사실을 간과한다. 제3장에서 나는 민주주의를 심화시키는 방법, 즉 어떤 결정을 내리는 데 사람들을 좀더 충분히 참여시키는 방법에 관해 논했다. 만약 그런 일이 실현된다면, 누가 그들의 대표로서 선택되는가는 실제로 그다지 문제가 안 될 것이다. 그러나 현대 사회에서는 이런 것이 매우 문제시되는데, 여성이나 소수자 집단에 속하는 사람들은 자신의 관점과 이해관계를 다른 집단에 속하는 사람들로서는 충분히 이해하기가 어려운 중요한 쟁점들이 존재한다고 주장하면서 여성이나 소수자 집단의 대표자 수를 늘리는 데 찬성한다. 그래서 예를 들어 의회나 국회에 종교적 관행을 둘러싼 문제, 그것도 일자리 차별과 관련된 문제가 제기될 경우, 이 관행이 갖는 의미나 문제시되고 있는 집단에 이 관행이 중심적인 것인지 여부 등을 설명할 수 있는 사람들이 거기에 존재하는 것이 중요해진다. 같은 것이 여성 특유의 관심사, 예를 들어 출산 휴가나 육아 문제가 제기된 때에도 적용된다.

대표의 수가 인구수와 엄밀하게 비례해야 한다는 것이 필수적인 것은 아니다. 중요한 것은 각각의 의미 있는 관점이 입법 기관에서 적절한 방식으로 대표되는 것이다. 이 점은 내가 앞에서 문제와 관련된 모든 사람이 열린 토의를 통해 정치적 결정에 이르는 체계로서 제시한 민주주의 상으로부터 귀결되는 것이다. 여기서는 당사자가 반대편의 주장에 기꺼이 귀기울이고, 공정함이라는 기준에 의해 주장을 평가하며, 그에 따라 자신의 견해를 바꾸는 것도 마다치 않는다는 것이 전제된다. 물론 민주주의가 언제나 이런 방식으로 작동하는 것은 아니다. 하지만 특히 소수자 집단들의 경우에는 민주주의가 가능한 한 그렇게 작동해 한다는 것이 중요하다. 그들은 단적으로 소수자다. 만약 모두가 오로지 자신의 분파적 이해관계에 따라 투표할 뿐이라면, 소수자들은 질 수밖에 없다. 논쟁의 힘은 그들에게 유일한 무기이다.

이러한 견해에 이의를 제기하는 페미니스트나 다문화주의자들도 존재한다. 그들의 주장에 따르면, 이성적인 논의로 문제를 해결한다는 사고방식 자체가 이미 이런 종류의 논의에 정통한 사람들에게 유리한 체제로 기운 것이다. 그들은 여성이나 소수자 집단에 속하는 사람들이 자신의 주장을 펼치기 위해 좀더 열정적인 방식으로 발언할 필요가 있다고 주장한다. 그들은 또한 해당 집단에게 가장 중요하게 여겨지는 특정한 쟁점들에 대해서는 그 집단이 결정하도록 해야 하며, 그래서 생식권과 관련한 문제들(낙태, 피임 등)은 그 결정을 여성에게 일임해야 한다고 제안한다. 제3장에서 나는 소수자 문제 일반과 관련하여 어떠한 경우든 호의적이지 않은 다수자로부터 소수자를 보호한다는 목적을 위해 민주 사회에서는 기꺼이 헌법에 일정한 기본권들을 명문화해야 한다고 주장했다. 나는 또한 이를테면 연방제에서 이루어지듯이, 서로 다른 쟁점을 다루기 위해 별도의 선거구를 획정하는 것은 민주주의의 기준에 비춰 정당화될 수 있다고 지적했다. 하지만 여기서 문제는 여성과 문화적 소수자들에게 큰 관심의 대상이 되는 쟁점들 대부분이 다른 집단들에게도 상당한 관심사라는 점이다. 명백한 사례로서 낙태가 있다. 사람들이 이것은 여성에게만 관련되는 문제라고 생각하는 경향이 있지만, 특히 종교 단체에서 낙태가 영혼을 지닌 인간 존재의 파괴를 초래한다고 믿고 있는 한, 어디까지나 중대한 관심사인 것은 분명하다. 우리는 그러한 종교 단체의 관심을 그저 상궤를 벗어난 행태라며 무시할 수 없다. 경우에 따라서는 종교적 토대를 지닌 다른 모든 문화적 주장들을 마찬가지로 무시하게 될 테니 말이다. 따라서 앞으로 나아갈 수 있는 유일한 방법은 논쟁이나 토론을 통해 낙태에 관해 상반되는 입장을 보이는 양측에 최소한이나마 받아들여질 수 있는 입장을 도출하려고 애쓰는 것이며, 그렇게 함으로써 다시 결정을 내려야 하는 단체 내에서 모든 범위에 걸쳐 다양한 관점들이 대표되는 것의 중요성이 강조될 수 있다.

이 장에서 다룰 마지막 주제로서 이제 정의의 문제로 옮겨 가자. 페미니스트나 다문화주의자들은 사회 정의에 관한 지배적 관념에 어떻게 도전해왔으며, 우리는 그러한 도전들에 어떻게 대응해야 하는가? 나는 여기서 두 가지 특별한 쟁점, 즉 가정 내에서의 정의(가정생활에서의 남성과 여성 사이의 정의)와 적극적 차별(고등 교육이나 노동 시장에 접근하는 데서 여성과 민족적 소수자를 우대하도록 의도된 대책)에 초점을 맞추고자 한다.

앞 장에서 내가 제시했듯이, 사회 정의라는 것은 사회적·정치적 제도들이 개인들 사이에서 이익과 비용의 분배를 가져오는 방식에 주목한다. 전통적으로 그 초점은 소유권과 조세 체계, 의료 서비스나 교육 등의 공적인 공급에 맞춰져왔다. 그러나 우리는 이러한 공적 제도에 의한 분배 효과에만 관심을 집중할 수 있을까? 페미니스트들의 주장에 따르면, 우리는 가정이라는 단위의 내부에서 무슨 일이 일어나는지 살펴볼 필요가 있으며, **그러한 것**이 어떻게 이익과 비용의 분배를 가져오는지 이해하고, 나아가서는 일이나 소득과 같은 더 넓은 요소의 분배에 어떤 영향을 미치는지 알아볼 필요가 있다. 좀더 구체적으로 그들은 가정 내에서의 정의 없이 여성의 사회 정의는 결코 구현될 수 없을 것이라고 주장한다.

역사적으로 보면 오늘날 가정에서 여성이 불공정한 처우를 받고 있다는 데 많은 사람이 동의할 것이다—즉, 여성은 다소간에 그들의 남성 가족원 손에 맡겨진 처지였으며, 남성 가족원은 집안일은 거의 하지 않아도 되는 존재였을 뿐만 아니라 집안의 돈벌이를 도맡는 자로서의 지위를 통해 한 가정을 통제해왔다. 그러나 여성이 공적인 영역에서 독립을 쟁취하여 법적 권리나 정치적 권리를 확보하고 노동 시장에도 평등하게 접근할 수 있게 됨에 따라, 집안이라는 맥락에서의 남녀관계도 크게 변화해온 것으로 여겨질지도 모른다. 그러니까 여성과 남성은 이제 평등한 조건하에서 상호 교류를 하고 있는 것처럼 보인다. 바꿔 말하면 일단 (보통의 의미에서의) 사회 정의가 여성을 위해 성취되면 가정 내에서의 정의도 그에 이어서 성취된다는 것이다. 그러나 이러한 낙관적 관점은 현실에서 입증되지 않았다. 확실히 여성의 지위는 여러모로 개선되었다. 그러나 가사노동이 남녀 간에 분담되는 방식에서 여전히 상당한 불평등이 존재한다. 파트너 둘 다 전일제로 일하는 경우에도 대부분의 집안일을 여성이 도맡는다. 이러한 일들이 매우 부담스러운 것이라고 전제한다면(청소나 다림질을 하는 것이 정말로 즐거운 사람이 있을까?), 이런 사태는 불공정해 보인다.

여성이 불이익을 당하는 경우는 이 밖에도 한둘이 아니다.

아이가 태어나면 거의 예외 없이 남성보다 더 긴 경력 단절을 겪게 되고, 그후 종종 시간제 형태로 고용 시장에 복귀하기도 하면서 결국 남성 경쟁자에 비해 좀더 늦게 승진 사다리에 오른다. 공공연한 성적 차별만큼이나 이것도 여성이 체계적으로 남성보다 벌이가 적고 다양한 전문직의 정점에 올라서는 예가 드물다(여성 임원이나 판사, 교수 등은 수적으로 아주 적다)는 눈에 익은 사실을 설명하는 것처럼 보인다.

그러나 우리는 남성과 여성이 몇 가지 점에서 불평등한 지위에 놓이게 된다고 해서 이것이야말로 부정의라고 너무 성급하게 결론지어서는 안 된다. 결국 어떤 불평등한 결과는 그럼에도 불구하고 공정하다. 예를 들어 그러한 결과가 사람들이 행한 서로 다른 선택을 반영하고 있다면 말이다. 그래서 내가 방금 제시했던 사례에 대한 반응 중에서 고려할 필요가 있는 것으로서, 자신들에게 불리하게 작용하는 것으로 보이는 제도에 여성이 동의하고 있다는 의견을 들 수 있다. 즉, 여성이 가족 내 거래의 일부로서 이를테면 집안일 대부분을 도맡고 남성 파트너에 비해 그다지 빛이 나지 않는 일을 하는 것을 받아들이고 있다는 것이다.

왜 그들은 이에 동의했을까? 아마도 그것은 여전히 남성과 여성 각각의 역할에 관한 규범들이 여전히 존재하기 때문일 것이다. 그런 규범들이 명하는 바에 따르면, 여성은 집안일을 하고 아이를 키워야 하는 특별한 책임을 맡고 있으며, 한편으로 남성은 가정 밖에서 수입을 얻어야 하는 특별한 책임을 지고 있는 것이다. 그래서 실제로 노동 연령대의 여성 대다수가 노동 시장에 고용되어 있다 하더라도, 그러한 노동을 일종의 보너스로서, 즉 일차적 책임 사항에 덧붙여진 것으로 여기는 경향이 남성과 여성 모두에게 존재한다. 그러나 만약 여성이 이러한 관점을 공유하고 있다 하더라도, 비용과 편익의 균형이라는 점에서 그것은 분명히 여성에게 불리하게 작용하는 관점이다. 이러한 규범은 이전 시대의 유물이며, 그것이 자유롭게 받아들여진다고 해서 그것이 공정하다고 할 충분한 이유는 되지 못한다(노예조차도 그 예속 상태를 정당화하는 규범을 받아들였던 것으로 알려져 있다).

가정 내에서의 정의가 우리 사회에서 성취되지 않았음을 입증하는 것에 비해, 가정 내에서의 공정함이라는 요구의 내실이 무엇인지를 좀더 적극적으로 말하기는 더 어렵다. 우리는 비용과 편익을 평등하게 분배하는 것이 모든 커플을 위한 규칙이 되어야 한다고 주장해야 할까? 아니면 각각의 상황에 맞게 다른 합의를 도출할 여지가 있는 것일까? 아마도 일단 여성의 적절한 지위에 관한 오랜 규범이 사라지게 되면, 자유로운 합의라는 원리가 그 본연의 자리를 얻게 될 것이다. 이미 보았듯이, 일부 페미니스트는 남성과 여성 사이에는 특히 아이를 키우는 데서의 역할과 관련해 큰 차이가 존재한다고 주장하고, 엄격한 평등의 적용을 여성에게 모성을 부인하는 방식으로 행동하도록 강요하는 것으로서 여긴다. 이것이 사실인 한, 파트너끼리 가정 안팎의 일을 각자의 선호와 능력에 따라 나누도록 선택할 수 있는 가정에서는 가정 내 관계의 공정함이 가정생활의 유연성과 양립할 수 있어야 한다.

이 장을 마무리하기 전에 마지막으로 차별 철폐 조처와 적극적 차별 정책에 의해 제기되는 쟁점들을 살펴볼 필요가 있다. 페미니스트와 다문화주의자들은 양측 모두 사람들이 일반 직장이나 대학에 자리를 얻으려고 선발 절차를 거칠 때, 그 선발은 엄밀한 의미의 진가에 근거해서 이루어지리라는 함의를 갖는 기회의 평등에 관한 관습적 사고에 이의를 제기해왔다. 그들의 주장에 따르면, 정의가 요구하는 것은 여성이나 민족적 소수자의 구성원들에게 유리하도록 적극적으로 차별하는 것이다. 다시 말하면 선발 위원회는 지원자가 이 범주들 가운데 어느 하나에 속하는지 여부를 고려하는 전형 기준 요소를 전형 과정에 짜넣어야 한다는 것이다. 물론 이러한 정책은 대학과 고용주 모두에 의해 극히 광범위하게 시행되어왔지만 여전히 논쟁을 불러일으키고 있다.

우리는 적극적 차별 정책에 대해 부여될 수 있는 정당화론 중에서 두 가지를 구별할 필요가 있다. 하나는 '진가'를 측정하는 표준적 방법들(예를 들어 시험 성적이나 테스트 결과에 의거하는 방법)이 여성이나 소수자 구성원들이 지닌 진정한 능력을 과소평가하는 경향이 있다는 것이다. 이것은 테스트에 숨겨진 문화적 편견이 작용하기 때문이거나, 이런 범주들에 속하는 사람들이 테스트에서 측정되도록 고안된 기술을 습득할 기회를 별로 갖지 못했기(그 결과 이를테면 영향력이 약한 교육적 배경을 갖는다) 때문일 수 있다. 이러한 것이 입증될 수 있는 곳이라면 — 이 점에서는 현재 학교에서는 소녀들이 소년들보다 더 나은 성적을 거두는 경향이 있다는 점을 고려하면 여성의 경우보다는 별다른 혜택을 받지 못하는 민족적 집단들의 경우가 훨씬 더 타당성이 있다 — 적극적 차별 정책이라는 것이 기회의 평등을 이룩하는 데 실제로 더 좋은 방법이다. 원리의 수준에서는 논쟁의 여지가 없다. 논쟁의 요소는 단적으로 말해서 유리한 지위에 선발된 사람들이 과연 그렇게 선발될 만한 존재임을 보증하는 최선의 방법은 무엇일까 하는 것이다.

그러나 원리적 문제들을 제기하는 두번째 정당화론이 존재한다. 이것은 현재 사회의 상위 계층에서 여성이나 민족적 소수자 사람들이 대표되고 있는 비율이 매우 유의미하게 낮다는 사실에서 출발하며, 이것을 바로잡을 최선의 수단으로서 적극적 차별이 제안되고 있다. 다시 말하면 비즈니스나 전문직, 관료 등의 세계에서 고위직을 차지하는 여성이나 흑인,

이슬람교도들의 수가 많아지도록 보장하는 것이 사회정책의 중요한 목표가 되어야 한다는 것이다. 이런 관점에서 보면, 사회 정의는 단지 개인의 공정한 처우에만 관련되는 것이 아니다. 사회 정의는 집단에 기초하는 요소도 중시한다. 정의로운 사회는 주요한 집단 모두가 다양한 사회 영역들에서 대체로 그 구성원들의 수에 비례하는 방식으로 대표되는 사회인 것이다.

개인의 기회가 참으로 평등하게 주어지지만—즉, 사람들이 일자리나 그 밖의 지위를 위해 선발될 때 언제나 그 진가에 의거해서 선발되고, 누구든 진가로 여겨지는 기술이나 능력을 개발할 동등한 기회를 지니지만—, 그럼에도 불구하고 사회의 서로 다른 집단들 중에는 최상위의 지위 대부분을 차지하고 있는 집단이 있는가 하면 최하위의 처지에서 무리를 이루고 있는 집단도 있고 해서, 전체적으로 보면 성공한 부류도 있고 그렇지 못한 부류도 있다는 것이 참이라고 가정해보자. 이 경우, 우리는 그다지 성공하지 못한 집단들을 가리켜 집단을 단위로 한 부정의의 희생자라고 말할 수 있을까? 이를테면 문화적인 이유로 그러한 집단의 구성원들이 의식적으로 더 나은 직업에 지원하지 않기로 선택한 경우에는 그렇게 말할 수 없을 것이다. 그러나 일반적으로 말해서 이것은 있을 수 없는 경우처럼 여겨진다(문화적인 이유로 특정 직업을 멀리하려는

15. 다문화의 조화: 노팅힐 축제. (1980년)

집단들이 있을지도 모르지만). 좀더 그럴듯한 설명은 다음과 같은 것이다. 즉, 역사적으로 낮은 지위의 일자리에 나서는 경향이 있는 집단의 구성원들은 낮은 기대밖에 얻지 못한 채 자신을 과소평가하는 의식을 품고 있었다. 따라서 경력 사다리를 타고 높이 올라갈 기회가 자신들에게 있을 것이라고 믿는 사람이 이 집단들에는 거의 없었던 것이며, 그런 이유로 그들은 승진을 꾀하지 않는 선택을 하고 있는 것이다.

이러한 상황이 존재한다면 그것은 우리의 관심 대상이 되어야 한다. 문제가 되는 집단에 속하는 사람들의 지위가 낮고 그 개개의 구성원들의 경우 얻을 수도 있었을 기회를 얻지 못한다면 그것은 그들에게나 실제 사회 전체에도 나쁜 일이다. 적극적 차별 정책은 소수자 구성원들에게 이를테면 좋은 대학에 몸담는 등의 초기적 뒷받침만 주어진다면, 그들이 무엇을 할 수 있는지를 보여줌으로써 그들에게 도움이 될지도 모른다. 그렇게 도움을 받은 사람들은 다른 사람들이 그 뒤를 이어가도록 격려하는 역할 모델이 될 수 있다. 그래서 전반적인 효과라는 측면에서 보면 이러한 정책들도 정당화될 수 있는 것이다(아프리카계 미국인들의 경우가 아마도 가장 좋은 사례일 것이다). 그렇다고 해서 이러한 정책들이 정의의 문제로서 요구되는 것은 아니며, 낮은 기대감밖에 갖지 않고 낮은 수준의 성공밖에 이룰 수 없는 사람들의 집단을 오로지 이 관점에서 부

정의의 희생자로 묘사하는 것도 아니다. 사실 여기에는 진정한 의미에서의 가치 충돌이 있는 것인지도 모른다. 즉, 개개인을 공정하게 처우하는 것과, 민족적 집단이나 여타 집단들이 더 광범위한 사회생활 속에 완전히 통합되는 것을 보장하는 것 사이의 충돌이다. 나는 이 책의 서두에서 정치철학자들은 정치인들이 갖기 쉬운 편견, 즉 자신이 선호하는 정책은 그 밖의 가치를 희생하지 않는다고 전제하는 것에 저항해야 한다고 말했다. 우리는 여기서 적극적 차별은 개인들 사이에서 진정한 공정성을 보장하는 것—참된 진가를 밝혀내는 것—에 관심을 가질 때에만 정당하다고 결론지어야 한다. 만약 이 정책이 그런 조건을 넘어서서 적용되어 특정 집단의 일반적 지위를 다른 집단들에 비해 더 높게 끌어올리기 위한 수단이 된다면, 일반적으로는 얼마나 바람직한 것으로 여겨지든 그것은 더이상 정의의 문제가 아니다.

나는 앞에서 우리가 페미니즘과 다문화주의를 정치철학의 오랜 물음들을 대체하는 것으로서 볼 것이 아니라 그런 물음들을 새로운 방식으로 제기하는 것으로서 봐야 한다고 지적했다. 나로서는 이제 그런 견해가 정당화되었기를 바란다. 페미니스트와 다문화주의자들은 우리에게 정치권력, 자유, 민주주의, 그리고 정의에 관해 지금까지와는 다르게 생각하도록 가르쳐준다. 그리고 특히 이러한 가치들이 문화적으로 다양하고 여성이 남성과 대등한 존재로서 대해지는 것이 기대되는 사회에서 어떤 방식으로 실현되어야 하는지 말하도록 요구한다. 그들의 저작은 정치철학을 좀더 풍성한 것으로 만든다. 그리고 이러한 저작에 의해 정치철학은 오늘날 가장 뜨거운 논쟁을 불러일으키는 몇몇 쟁점들과 직접 대면하고 있다.

제 7 장

국민, 국가,
그리고
전 지구적 정의

앞 장에서 우리는 정치권력과 정의 양쪽의 **범위**에 관한 몇 가지 기본적인 물음들을 탐구했다. 우리는 모종의 인간관계를 정치적인 것으로 만드는 것은 무엇이고 그렇지 않은 것으로 만드는 것은 무엇인지 물었으며, 정의라는 관념이 과연 가정이라는 영역 내의 남녀관계에, 그리고 한 사회 내의 상이한 문화적 집단 간의 관계에 적용될 수 있는지 물었다. 이 장도 역시 정치와 정의의 범위에 관한 것이겠지만, 여기서는 안쪽보다는 바깥쪽을 바라보게 될 것이다. 그리고 우리에게 가장 친숙한 정치 단위(즉 국민국가)는 이제 그 유용성을 상실해버렸는지, 이제는 정치를 국제적 또는 전 지구적 규모에서 일어나는 어떤 것으로서 생각해야 하는지, 이런 물음들을 내걸 것이다. 또한 정의는 국민국가를 넘어서는 수준에서 어떤 의미를 갖게 될지도 검토할 것이다. 우리는 전 지구적 정의라는 관점에서 사고할 수 있는가? 만약 그것이 가능하다면, 이 수준에서 적용되는 원리들은 국민적 정치 공동체들 내부에서 적용되는 원리들과 근본적 의미에서 다른 것인가?

범위나 규모를 둘러싼 이 물음들은 한낱 기술적인 것이 아니다. 인간 존재가 서로 영향을 주고받는 방식은 개개인이 다른 사람들을 개인으로서 알고 맞대면하는 작은 집단관계로부터 우리가 지닌 다른 사람들에 관한 대개의 지식이—그들을 오직 유형이나 범주들로서 알고 있다—일반적인 종류의 것이고 그러한 지식을 간접적으로, 예를 들어 미디어의 보고를 통해 획득하는 거대 사회들로 옮겨감에 따라 아주 근본적으로 변화한다. 여기서 이야기를 조금 되돌려, 앞에서 언급한 벽화를 그린 로렌체티의 시대에 시에나라는 도시가 어떤 방식으로 기능했는지 살펴보면 좋겠다. 오늘날 세계를 지배하고 있는 정치 단위(즉 국민국가)들과 비교하면 시에나의 규모는 아주 작았다. 엄밀한 의미에서의 도시 공간을 넘어서서 시에나의 지배권은 그 중심에서 약 30마일이라는 범위의 영역에까지 미쳤고 거기에는 소규모 마을들과 촌락들, 전원지대가 포함되어 있었다. 이러한 정치 단위 내의 인구는 흑사병이 창궐하던 1348년 이전에 최대 약 10만 명에 이른 것으로 추정

된다. 그중 절반 정도가 그 도시 안에 거주했으며, 거주자 가운데 소수만이 시민권을 가지고 있었다. 그래서 로렌체티의 작품 〈좋은 정부와 나쁜 정부의 알레고리〉에는 시에나의 그것과 겹치는 요소가 많이 보이는데, 그가 묘사하는 정치 공동체에서는 시민 대다수가 그 정치 지도자들을 개인적으로 알고 있고, 도시 성벽 안에서 정치 지도자들이 어떤 일들을 수행하는지도 그날그날 관찰되고 있었다. 도시 각 부문의 대표자들로 구성된 총평의회는 관원의 목소리와 종소리에 의해 소집되었다. 이러한 시에나를 정치 **공동체**로서 기술할 때, 우리는 그 말을 정확한 의미에서 사용하고 있는 것이다.

우리가 오늘날 정치철학이라고 이해하는 영위는 이러한 소규모 정치 공동체들 ― 가장 현저하게는 고전기 아테나이 ― 에서 처음 이루어졌다. 그러한 곳에서는 적어도 도시 안에서의 생활에 관한 한, 시민단은 그들 자신의 운명을 통제하고 있었으며, 그래서 최선의 정부 형태, 좋은 통치자가 갖춰야 할 자질들, 정의의 의미 등에 관한 물음들을 던지는 것에 큰 의미가 있었다. 이러한 종류의 도시국가들에서 인간 존재에게는 필시 스스로를 잘 지배할 수 있는, 즉 자유와 정의, 민주주의를 성취할 수 있는 역사상 최선의 기회가 주어졌던 것이다. 그렇다면 왜 이런 정치 공동체는 살아남지 못했을까? 그 답은 아테나이나 시에나와 같은 도시국가는 언제나 더 큰 정치 단위에 의해 점령되고 흡수될 위험성에 사로잡혀 있었기 때문이라는 것이다. 그러한 도시국가들은 늘 스스로의 독립을 유지하기 위해 기꺼이 싸워야 했고, 그런 목적에서 이웃 도시들과 불안정한 동맹관계를 맺어야 했다. 이런 동맹은 일시적으로는 유지되었지만, 장기적으로는 좀더 중앙집권화된 제국에 저항할 수 없다는 것이 입증되었다. 아테나이는 마케도니아의 필리포스에게 굴복했고, 시에나도 밀라노공과 같은 근린 통치자의 비호를 자청함으로써 가까스로 독립을 유지하다가 결국 스페인 황제 카를로스 5세에 의해 정복되고 말았다. 도시국가들이 실패한 것은 그 내부적 결함 때문이 아니라 정복군에 직면했을 때 두드러진 그 대외적 취약성 때문이었다.

도시국가의 몇몇 장점을 여전히 구현하면서도 제국이 힘에 저항할 능력이 있는 것으로 입증된 정치 단위는 국민국가였다. 국민국가는 도시국가보다도 훨씬 큰 규모로 형성되었고, 광대한 지리적 영역에 걸쳐 수백만의 사람들을 포괄한 채 수도에 집중된 국가 자체의 제도들(의회, 법원, 정부, 군사령부 등)을 갖추고 있었다. 그러나 그것은 여전히 정치 공동체를 자처할 수 있었다. 왜냐하면 그 구성원들은 이웃나라 사람들과는 확실하게 구별되는 별개의 인민이나 국민에 속한다고 스스로 생각하고 있었기 때문이다. 이러한 일이 일어나기 위해서는 국민국가를 구성하는 많은 지역이 서로 접촉할 수 있도록 하는 의사소통 매체가 필요했고, 이러한 매체를 통해 각 지역 사람들은 다른 지역 사람들이 무엇을 생각하고 무엇을 하고 있는지 알게 되었다. 역사가 베네딕트 앤더슨은 바로 이런 점을 고려해서 국민을 '상상된 공동체'라고 불렀다. 즉, 사람들끼리 직접 마주 대하는 공동체와는 달리, 이러한 공동체는 상상이라는 집합적 행위에 그 존립 기반을 두고 있는 것이다. 사람들은 자신이 프랑스인이나 미국인 또는 일본인이라는 자각을 특정 가족의 일원이라거나 특정 마을의 주민이라는 것만으로 얻는 것이 아니다.

그러나 국민이라는 단위는 실제로 존재하는가? 아니면 국민이라는 것은 단지 상상의 대상인 것이 아니라 전적으로 상상의 산물에 불과한 것인가? 국가적 경계선의 이쪽에서 살아가는 사람들을 저쪽 사람들과 진정으로 구별해주는 어떤 것이 존재하는가? 사제인 윌리엄 잉은 일찍이 "국민이라는 것은 그 선조에 관한 망상과 그 이웃사람에 대한 공통의 증오에 의해 결합된 사회"라고 말했다. 귀에 솔깃한 인용구들이 대개 그렇듯이, 이 말에는 몇 가지 진리 이상의 것이 담겨 있다. 국민적 정체성은 흔히 이웃나라 사람들에 대한 적대감에서 생겨난다. '브리튼인이다'라는 것은 '프랑스인이 아니다'라는 것이 문제인 때도 있었으며, 마찬가지로 오늘날 '스코틀랜드인이다'라는 것은 '잉글랜드인이 아니다'라는 것이 문제이고, '캐나

다인이다'라는 것은 '미국인이 아니다'라는 것이 문제인 것이다. 국민이 스스로의 신화―즉, 자신들의 도덕이나 문화가 갖는 고유한 특성들과, 지난날 전쟁이나 정치(또는 스포츠)에서 얻은 영광 등에 관한 신화―를 발전시킨다는 것도 일반적인 일이다. 그럼에도 국민적 정체성이라는 것은 단순한 환상이 아니며, 나쁜 목적뿐만 아니라 선한 목적을 위해서도 유용한 것이다. 우리가 국민이라고 부르는 집단들은 대개의 경우 공통의 언어, 오랜 시간에 걸쳐 함께해온 역사, 문학적 형식뿐만 아니라 물리적 환경―마을이나 도시의 건설 방식, 경관의 양식, 기념물, 종교 건축물 등과 같은―을 통해서 표현되는 문화적 특징 등을 공유한다. 이러한 문화적·물리적 환경 속에서 새로운 세대가 자라날 때, 그들은 분명 이런 공통의 유산에서 영향을 받게 될 것이다. 비록 그런 유산의 여러 측면에 반항하는 경우가 있을지라도 말이다.

국민적 문화의 영향력은 국민이 그들 자신의 국가를 가지는 경우에 특히 강력해진다. 왜냐하면 그 경우 문화적 전달은 방금 언급된 비공식적 경로뿐만 아니라 법률, 정부 기관, 교육 시스템과 국가적 미디어와 같은 경로를 통해 이루어지기 때문이다. 국민과 국가는 서로를 강화한다. 국가의 권력이 국민으로서의 정체성을 강화하는 데 사용되는 한편, 이러한 방식으로 결합된 사람들은 공통의 정치권력을 더욱 기꺼이 받아

16. 퀘벡 분리주의에 맞서 국가적 통일을 외치는 캐나다인들의 집회.
(1995년 몬트리올)

들이고 국가가 공격당할 때에는 그 방어를 위해 결집하게 된다. 이런 식으로 국민국가는 정치적 단위로서 상당한 성공을 거두어왔다. 즉, 국민국가는 제국의 군대에 압도되지 않을 정도로 충분한 크기를 갖지만, 동시에 저항이 필요할 때 그 구성원들의 충성심을 불러일으킬 수 있는 것이다.

물론 이러한 충성심에는 부정적인 면이 있다. 20세기의 두 차례 세계대전에서처럼 국민국가들끼리 전쟁을 벌일 때에는 이전 시대(즉, 제국의 앞잡이로서 싸우는 용병대가 대체로 전쟁의 주역이었던 시대)에는 생각할 수 없었던 규모의 사상자를 낼 가능성이 있다. 그래서 정치 단위로서의 국민국가를 옹호하기 위해서는 그 군사적 능력을 강조하는 것만으로는 불충분하다. 우리는 그 구성원들이 공통의 정체성에 의해 결합되어 있는 사회에서 정치적으로 달성할 수 있는 것이 무엇일지에 대해 좀더 말할 필요가 있다.

여기서 나는 두 가지 주장을 하고 싶다. 첫째는 이러한 정체성에 의해 민주적인 통치가 더 성공적으로 이루어질 가능성이 높아진다는 것이다. 제3장에서 언급한 것을 돌이켜보자. 민주 정치에 수반되는 커다란 어려움 가운데 하나로 다수자와 소수자를 화해시키는 것이 있었다. 즉, 소수자 집단에 속하는 사람들에게 다수자의 결정을 받아들이도록 설득하는 한편, 다수자 집단에 속하는 사람들을 상대로 소수자의 소망이나 이익을 짓밟는 것이 아니라 결론을 지을 때 그것들을 반영하게 애쓰도록 설득하는 문제이다. 이에 대한 나의 제안은, 당파들 사이에 신뢰가 있다는 것이 흔히 '민주적 자기 절제'라고 불리는 것을 북돋울 가능성이 있는 요소들 가운데 하나라는 것이었다. 사람들이 일반적으로 서로 신뢰하는 사회에서는 자신이 어떤 쟁점에서 소수자가 되리라고 우려할 일이 적고, 소수자로서 다수자의 결정이 실행되는 것을 꺼리지 않는 경우가 많은데, 그것은 심각한 위해를 당할 일은 없을 것이라는 예상이 있기 때문이다. 이와는 대조적으로 신뢰가 부재하거나 사라져버린 곳에서는 모든 결정이 사느냐 죽느냐의 문제가 될지도 모른다.

단순한 사례를 생각해보자. 우리가 민주적인 헌법을 가지고 있고, 자신이 속한 정당이 최근 총선거에서 패했다고 가정해보라. 우리는 헌법의 정한 대로 정권을 넘겨야 하는가, 아니면 쿠데타를 꾀하면서 선거 무효를 선언해야 하는가? 정권을 넘겨주는 경우에는 두 가지 위험에 노출된다. 첫번째 위험은 우리의 반대자들이 새로 획득한 권력을 동원해 우리를 박해하거나, 아니면 그들의 지지자에게만 유리하도록 계획된 불공정한 정책이 도입되는 것이다. 두번째 위험은 민주적인 선거를 통해 권력을 획득했음에도 불구하고 그들이 헌법을 존중하지 않는 것인데, 그 경우 정권을 넘겨주는 우리는 다시 정권을 잡을 기회를 박탈당하고 마는 것이다. (이것은 그저 이론 상의 가능성에 그치는 것이 아니다. 갓 태어난 민주적 정체들의 경우 가장 중요한 순간은 첫번째 선거가 아니라 첫번째 선거에서 승리한 정당이 패하여 정권을 넘기도록 요구받는 때라는 것은 잘 알려진 사실이다. 그런 순간에 그 정당이 어떻게 대응할지가 가장 중요하다.) 우리가 이런 위험을 기꺼이 감수할 것인지 여부는 이제 취임할 사람들에게 어느 정도의 신뢰를 보내는지에 달려 있다.

이제까지의 논의를 마무리하기 위해 우리는 사람들이 남들, 특히 개인적으로 아는 것이 없는 사람들을 더 신뢰할 수 있게 북돋우는 것이 무엇인지 물을 필요가 있다. 이 문제를 조사한 사회심리학자들의 연구에 따르면, 중요한 요소의 하나로서 지각된 유사성이라는 것을 들 수 있다. 우리는 우리와 이런저런 형태로 비슷하다고 생각하는 사람들을 신뢰하는 경향이 있다. 이와 관련한 설명에 대해 고찰하기는 어렵지 않다. 그것은 사람들이 확장된 친족 집단 안에서 서로 협력하며 내부자와 외부자를 구별할 줄 알아야 했던 인간 진화의 초기 단계로부터 물려받아온 특성일 수 있는 것이다. 사람들이 외모나 발화 면에서 저마다 각양각색인 거대 규모의 사회에서는 신뢰가 문제다. 그러나 이 문제를 해결하는 데는 국민이라는 정체성이 도움이 될 수 있다. 우리는 의견이 갈리는 상대와 정치적인 불화를 겪을지도 모르며, 심지어 그런 사람들이 치켜

세우는 것을 경멸하게 될지도 모른다. 하지만 우리는 그들이 여전히 제법 많은 것(언어, 역사, 문화적 배경)을 우리와 공유하고 있다는 것을 알고 있다. 그래서 우리는 그들이 적어도 민주적 통치의 규칙이나 정신을 존중하기는 할 것이라고 믿을 수 있는 것이다.

공통의 정체성에 대해 내가 하고 싶은 두번째 주장은 사회 정의에 관한 것이다. 사회 정의를 증진하는 정책을 사람들이 기꺼이 지지하도록 북돋우는 것, 특히 그러한 정책이 시행될 때 자신들이 손해를 보게 되리라는 것을 알고 있을 때 그렇게 북돋우는 것은 무엇일까? 예를 들어 모든 시민에게 적절한 복지 서비스를 제공하는 데 필요한 재원이 확보되려면 그들은 더 많은 세금을 내야 할지도 모르지만, 의료 서비스나 교육과 같은 것을 사적으로 구입하면 비용이 더 적게 들 수 있다. 또는 지금까지 뒤처진 집단에 평등한 기회를 제공하기 위해 자신들의 기존 특전, 예를 들어 일반 직장이나 대학에 자리를 얻을 수 있는 지름길을 자녀들에게 부여하는 능력 같은 것의 일부를 포기해야 할지도 모른다. 그들은 왜 이런 일을 떠맡아야 할까? 우리는 정의나 공정성의 의식에서 대답할 수 있을 것이다. 그러나 또다시 물을 필요가 있다. 왜 사람들은 정의의 조건에 근거해서 남들을 대하게 되는 것일까? 이 물음에 답하기 위해 우리는 다시 한번 공유된 정체성이라는 쟁점을 고찰할 필요가 있다.

물론 우리가 어디서든 사람들에 대해, 그러니까 공통의 인간성이라는 것 이상의 어떤 것을 그 사람과 공유하고 있는지 여부에 관계없이 어떠한 사람에 대해서든 모종의 정의의 의무가 존재함을 인정하고 있는 것은 사실이다. 우리는 정당한 이유 없이 사람을 죽이고 상처 입히거나 투옥하는 것은 잘못이며, 누군가가 위험이나 곤경에 처해 있으면 그를 도와야 한다는 것을 알고 있다. 뒤에 가서 보여주겠지만, 이러한 상식의 도움으로 우리는 전 지구적 정의라는 관념을 이해할 수 있게 된다. 그러나 사회 정의가 우리에게 부과하는 요구는 이보다 훨씬 큰 것이다. 특히 사회 정의가 종종 요구하는 것은 평등의 원리가 우리에게 부과하는 제한을, 그런 제한을 제쳐두면 자기 자신이나 친구, 친족에게 더 좋은 결과가 초래될 수 있는 경우에도, 받아들인다는 것이다. 만약 우리가 탈세를 하거나 조카에게 과분하게 좋은 일자리를 주기 위해 규칙을 왜곡한다고 하더라도, 누군가가 죽거나 다치는 것은 아니다. 그렇다면 우리가 이런 정의의 요구를 받아들이는 동기란 대체 무엇일까? 존 롤스와 같은 정치철학자가 강조했듯이, 매우 중요한 동기의 하나로서 우리 모두가 서로에 대해 정당화할 수 있는 조건에 기초해서 사람들과 함께 살고자 하는 소망을 들 수 있다. 다시 말하면, 만약 누군가가 내게 나의 행동에 관해 설명하도록—즉, 내가 하는 것이 왜 허용될 수 있는지 설명하도록—요구한다면, 그 사람과 나 양측이 받아들일 수 있는 원리에 호소함으로써 그렇게 할 수 있다.

이러한 동기의 강도는 당사자들과 우리가 얼마나 밀접하게 연결되어 있는지에 달려 있을 것이다. 즉, 이러한 동기는 사람들끼리 얼굴을 직접 마주 대하는 작은 집단에서 가장 강력해진다. 그러나 국민적 공동체는 사람들의 관심이 정의의 조건에 기초해서 다른 사람들과 함께 사는 데 쏠리도록 하는 최소한의 유대를 제공한다. 나는 현존하는 국민 내부에서 사람들이 언제나 정의에 기초해서 행동하고 있다고 주장하는 것이 아니다. 그것은 전혀 사실이 아니다. 내가 주장하는 것은 그런 사람들에게는 정의에 기초해서 행동할 동기가 있으며, 그런 까닭에 누진 과세나 앞에서 언급한 종류의 기회균등법과 같은 정책을 그들이 좀더 기꺼이 지지하게 되리라는 것뿐이다.

국민이라는 정체성을 민주주의나 사회 정의와 연결하는 이러한 주장에 동의하지 않는 사람들은 벨기에, 캐나다, 스위스와 같은 나라들을 예로 들면서, 이 나라들은 다민족적이지만(각각의 내부에 둘 이상의 서로 다른 민족 공동체가 있다) 광범위한 복지 국가나 그 밖의 사회 정의 제도들을 뒷받침하는 안정된 민주적 정체들이라고 종종 지적한다. 이런 지적에 대해서는 두 가지를 말하고 싶다. 첫째, 이 나라들은 경제정책이나 사회 정책에 관한 결정 등의 여러 중요한 결정들을 서로 다른 민족 집단들을 포괄하는 주나 지역에 맡기는 연방제를 발달시켰다. 예를 들어 벨기에에서는 플랑드르와 왈롱에 이 나라 전체에 걸치는 방위 및 외교와 같은 문제를 다루는 연방 정부와 나란히 고용 및 주택 공급과 같은 다양한 정책 영역들에 책임을 지는 주 정부가 각각 존재한다. 둘째, 이러한 사회에 거주하는 사람들 대다수는 '중첩된' 국민적 정체성이라고 불리는 것을 지닌다. 즉, 자신들을 플랑드르인이자 벨기에인으로, 퀘벡인이자 캐나다인 등등으로 생각한다. 다시 말하면, 그들은 포괄적인 국민적 정체성과 함께 좀더 지역적인 정체성을 공유하고 있는데, 이것은 왜 이러한 사회가 현재처럼 효과적으로 작동하고 있는지를 설명하는 데 도움이 된다. 요컨대, 그들은 국가적 차원에서 민주적 제도를 뒷받침하기 위해, 그리고 좀더 부유한 지역에서 좀더 빈곤한 지역으로 자원을 재분배하는 것을 정당화하기 위해 공통의 충성심을 요구할 수 있다.

이렇게 해서 국민국가들 덕분에 사람들이 거대한 규모에서 정치적으로 협력할 수 있게 되었다. 즉, 사람들 사이에 신앙이나 이해관계 면에서 대립이 생기거나, 사람들이 지리적으로 흩어져 있는데도 불구하고 그들을 함께 묶을 수 있는 공통의 정치적 정체성을 창출함으로써, 민주주의를 확립하고 사회정의를 추구하는 데서 적어도 부분적으로는 성공해왔던 것이다. 그러나 현재 이러한 통치 형태는 시대에 뒤떨어진 것이 되고 말았다고 믿는 사람들이 많다. 국민국가에 대한 추도문이 이미 무수히 작성되었으며, 이제는 그저 그 시체가 무덤으로 쉬이 떨어져 들어가기를 기다리고 있는 듯하다.

왜 국민국가는 쇠퇴하고 있다고 생각되는 것일까? 그 이유의 몇 가지는 내부적인 것들로, 이민이나 그 밖의 이유로 인해 그 성질이 점차 다문화적으로 변해가는 사회에서 공통의 민족적 정체성을 유지하기가 어려워지는 것과 관련된다. 또다른 이유는 국가가 현재 불가피하게 휘말려들고 있는 외부적 환경과 관련된다. 즉, 국가가 전 지구적인 경제의 영향력을 점차 통제할 수 없게 되는 문제나, 국가 간 협조나 국제기구들에 의해서만 해결될 수 있는 점차 광역화되는 문제들(특히 환경 문제)과 관련되는 것이다. 내가 의도하는 것은 이 주제들을 다루는 넘쳐나는 문헌들에 뭔가를 추가하려는 것이 아니라, 오히려 국민국가를 대신할 수 있는 정치 질서의 성질을 둘러싼 몇 가지 물음을 제기하는 것이다.

가장 선호되는 대안은 일정한 형태의 코즈모폴리터니즘(세계시민주의)이다. 사실 아주 오래된 사상인 코즈모폴리터니즘은 고대 로마의 스토아학파로까지 거슬러올라간다. 이 학파 사람들은 스스로를 코스모폴리타이(kosmopolitai), 즉 '세계의 시민'이라고 곧잘 생각했다. 그러나 이것은 정확히 무엇을 의미하는가? 코즈모폴리터니즘에 관한 해석의 하나는 문자 그대로 세계정부를 수립하는 것, 즉 2003년 현재 별개로 존재하는 191개 국가를 단일한 정치권력으로 대체하는 것이다. 그러나 세계정부가 일부 사람들에게 지지를 받아왔다고 할지라도, 거기에 결함이 있다는 것은 너무도 명백하다.

첫째, 이러한 규모의 정부가 어떻게 민주적일 수 있을 것인지 예상하기란 매우 어렵다. 그 정부는 분명히 각각 수백만의 사람들을 대표하도록 선출된 대표자들에 의해 운영될 수밖에 없을 것이며, 그래서 평범한 시민들은 사실상 정부 자체에 영향력을 미치거나 제어를 가할 기회를 좀처럼 얻지 못할 것이다. 민주주의는 작은 규모에서 가장 잘 작동한다는 것이 이 장에서의 내 논지다. 도시국가가 아마도 그 이상적 형태일 것이다. 국민국가가 성공한 것도 대중 매체를 사용해 사람들에게 정치의 실제에 자신들이 관여하고 있거나 영향력을 지닐 수 있다는 감각을 최소한으로나마 부여함으로써 도시의 친밀성을 모방해온 데 있었다. 그러나 세계정부는 멀리 떨어져 있어 존재감이 없는 것으로 비칠 것이다. 마치 오늘날 훨씬 더 작은 규모의 유럽 연합조차 많은 사람에게 그렇게 비치듯이 말이다. 그리고 앞에서 강조한 신뢰라는 문제가 그 모든 문제점을 수반한 채 떠오를 것이다. 나 자신과는 거의 아무것도 공유하고 있지 않다고 느끼는 공동체들에 기반한 다수자의 결정을 내가 왜 정당한 것으로 여길 것인가?

둘째, 세계정부는 폭정으로 전락할지도 모르며, 그런 일이 벌어지게 되면 개인들이 몸을 피할 수 있는 피난처가 사라져 버릴 현실적 위험이 있다. 다양한 국가들로 이루어진 세계에서 만약 자국민을 억류하기 위해 장벽이나 울타리를 세워야만 하는 정부가 있다면 그것은 나쁜 정부의 분명한 증거다. 그리고 피난할 선택지가 있는 경우, 장벽이나 울타리를 언제까지고 유지할 수는 없다(동독에서 서독으로 사람들이 탈출할 수 없게 막으려고 세운 베를린 장벽은 28년간 유지되다가 1989년에 파괴되었다). 사람들이 좀더 자유롭고 안전하게 살 수 있는 곳으로 탈출하는 것이 가능하다는 사실은 전제 정부에 대해 최소한 어느 정도까지는 억제력으로 작용한다. 그러나 만약 세계 정부가 실현되면 그런 억제력은 사라지고 말 것이다.

마지막으로, 점점 증대되는 문화적 다양성이 현재 많은 국민 국가들에 대해 문제를 제기하고 있다면, 그 문제는 세계정부에 더욱 심각한 것이 될 것이다. 왜냐하면 세계정부는 현존하는 주요 문명들을 포괄해야만 하기 때문이며, 그러한 문명 각각은 공공 정책에 자신들의 가치와 신념이 반영되도록 할 것이기 때문이다. 사실 이러한 전망이 어떤 식으로든 실현될 경우 상정해볼 수 있는 상황은 두 가지뿐이다. 하나는 현재의 문화적 차이를 삼켜버릴 공통의 전 지구적 문화가 등장한다는 것인데, 아마도 그것은 거대 시장 소비주의에 기반한 문화(거기서는 모든 장소가 일종의 거대한 미국식 쇼핑몰이 된다는 이른바 '맥월드' 시나리오)가 될 것이다. 다른 하나는 문화가 전면적으로 사사화(私事化)된다는 것이다. 그 경우 상이한 장소의 상이한 집단들이 자신의 문화적 가치를 추구한다고 하더라도 정부가 이러한 문화적 가치들을 고려할 것이라는 기대는 완전히 사라질 것이다(하나의 비유로서 국교회는 존재하지 않고 신자들 자신에 의해 세워지고 유지되는 교회만 있는 사회를 상상해보라). 첫번째 시나리오에 비하면 아마도 이쪽이 좀더 실현 가능성이 있을(그리고 덜 당혹스러울) 것이다. 하지만 현대 세계에서 벌어지는 가장 격렬한 분열 가운데 하나는 이러한 방식의 문화(그리고 특히 종교)의 사사화를 추진하는 사람들과, 정부 정책이 자신들이 선호하는 문화적 가치에 기초해야 한다고 주장하는 사람들 사이에서 일어나고 있다.

문자 그대로의 의미에서 세계정부는 훨씬 온건한 제안과 구별되어야 한다. 그 제안은 특히 철학자 임마누엘 칸트에게 지지를 받았는데, 무엇보다 국가들끼리 무력행사를 포기한다는 항구적인 합의를 맺어야 한다는 것이다. 칸트가 '영원한 평화'라고 부르는 것을 보장할 연합이 존재해야 한다는 것이다. 우리는 이와 같은 일이 현재 자유 민주주의 국가들끼리의 관계 속에서 예시되고 있음을 볼 수 있다. 거기서는 서로 간

17. 세계화와 미국 스타일에 저항하기. (1996년 라트비아)

의 차이를 교섭을 통해서나, 유럽 연합이나 유엔과 같은 국제
기구에 호소함으로써 해결한다는, 때로는 암묵적이고 때로는
명시적인 합의가 내포되어 있다. 이런 종류의 합의는 국가들
사이의 관계를 안정화하지만, 개개의 국가가 여전히 정치적
권위의 주요 원천으로 남아 있다는 점은 마땅히 강조되어야
한다. 그리고 칸트 자신도 이러한 결과를 반겼다. 단일한 세
계정부는 "모든 인류의 에너지를 착취하고 자유의 무덤에 이
르는 보편적인 전제 정치"가 될 것이라고 칸트는 생각했던 것
이다.

그야말로 문자 그대로의 의미에서 코즈모폴리터니즘은 실
현 가능성이 낮고 매력적이지도 않다. 그러나 정치철학자들
은 종종 세계 시민의 이념을 다르게, 즉 정부의 한 형태로서가
아니라 개인들이 어떻게 생각하고 행동해야 하는지에 관한
제안으로서 해석한다. 그 제안이란 우리가 품고 있는 국민적
인 것이나 그 밖의 애착과 같은 좁은 마음을 극복해서 마치 자
기 자신이 세계 시민인 듯이, 바꿔 말하면 어떠한 곳에서든 동
료인 인간 존재에 대해 동등한 책임을 지는 사람인 듯이 생각
해야 한다는 것이다. 이러한 관점에서 보면, 국가의 경계선이
란 그 자체에는 어떠한 도덕적 의의도 부여되어서는 안 되는
한낱 임의적인 구획선일 뿐이다. 특히 우리는 더이상 정의를
도시나 국가의 범위 내에서 주로 추구되어야 할 것으로 생각

해서는 안 된다. 즉, 인종이나 신조, 국적에 관계없이 모든 인간 존재의 요구를 동등하게 고려해야 하는 것이다. 그래서 비록 정치적 권위는 여전히 특정 국민국가에 국한되어 있을지라도, 우리는 그것을 전 지구적 정의를 증진하기 위해 사용해야 하며, 자신이 속한 정치 공동체 내부에 있는 사람들에게 어떤 식으로든 우선권을 주려고 하는 것을 그만두어야 한다.

이러한 부류의 세계시민주의자들은 종종 우리의 공동체적 정체성과, 다른 사람들에 대한 정의의 의무를 기꺼이 지려 하는 우리의 심정 사이에 있는 관계성에 대해 이제까지 이야기해온 것을 부정하지 않는다. 그들은 또한 자신이 어딘가에 속해 있다는 의식이나, 자신들의 정치 공동체 내부와 외부로 사람들을 구분하는 것이 사람들의 정의 감각을 강력한 방식으로 형성하는 일이 아주 많다는 데 동의할지도 모른다. 그러나 그들은 이러한 것을 영구적 제한으로 보지 않고 극복해야 할 문제로 본다. 여기에는 심각한 문제가 가로놓여 있다. 즉, 인간이 오로지 이성의 원리에 따라 행동할 수 있는 범위는 어느 정도인가 하는 물음과, 이와는 대조적으로, 이성이 행동에 동기를 부여하기 위해서는 감정이나 정서, 자신이 누구인지에 대한 감각과 연결되어야만 하는지와 같은 물음이다. 그러나 나는 이런 문제들과 씨름하기보다는 일단 윤리적 코즈모폴리터니즘의 강한 버전들에 의문을 품는 두 가지 이유를 밝히고 싶다. 그런 다음 전 지구적 정의를 이해하는 대안적 방식을 제시하고자 한다.

내가 의문을 품는 첫번째 이유는 우리가 앞으로도 문화적으로 분할된 세계에서 살아갈 것이라는 전제 위에 놓여 있다. 바꿔 말하면 앞에서 언급한 '맥월드' 시나리오는 실현되지 않는다는 것이다. 아마도 가장 기본적인 수준은 아닐 테지만, 문화는 우리가 정의를 이해하는 방식에 영향을 미친다. 그 영향은 무엇을 적절한 의미에서 정의의 요구라고 볼지 판단하는 데서 확실하게 나타난다. 종교가 몇 가지 명백한 사례를 제공한다. 누군가가 자신의 종교적 신념 때문에 특별히 필요한 것이 있거나, 복종이 요구되는 종교상의 관행 때문에 자신의 기회가 제한받는다고 주장한다고 가정해보자. 우리는 이 사람의 주장을 어떻게 봐야 하는가? 만약 우리가 그가 속하는 종교적 전통 내부에 서 있고 이 전통에 관한 그의 해석을 받아들인다면, 그의 주장은 정의에 대한 타당한 요구로서 받아들여질 것이다. 그러나 이 전통의 외부에서 바라본다면, 우리는 그 주장을 다르게 여기지 않을 수 없다. 우리는 그 주장에 일말의 의미가 있다고 볼 수 있겠지만, 한편으로는 과연 이 전통 자체가 신앙심 깊은 사람들에게 훨씬 덜 부담스럽도록 바뀔 수는 없는 것인지 물을 수도 있을 것이다.

이와 비슷한 방식으로, 정의에 대한 관점의 차이가 국제적 수준에서 문제가 될지도 모른다. 내가 현저히 세속화된 사회에 속해 있고, 더구나 국가적 경계를 무시할 것을 요구하는 세계시민주의적인 정의의 원리에 헌신하고 있다고 가정해보자. 아울러 이와는 별개의 사회가 또하나 존재하고 이곳은 내가속한 사회보다 물질적으로 훨씬 가난한데, 그 이유는 주로 그구성원들이 자신의 자산 대부분을 성직자 계급에 바치고 그렇게 하는 것 말고는 다른 선택지가 없다(즉, 신이 그것을 명령하고 있다)는 데 있다고 가정해보자. 이런 사회에 거주하는 사람이 내 재산에 대해 제기하는 권리 주장에는 어느 정도의 무게감이 있을까? 이 사람이 나에 비해 가난한 것은 그 자신이종교적인 이유로 선택한 일들 때문이고, 따라서 나에 대해 특별한 요구를 제기하지는 않을 것으로 봐야 할까, 아니면 종교상의 지출은 외부로부터 강요된 것이고, 따라서 이 사람의 필요는 내가 속한 사회에 거주하는 사람들의 그것보다 좀더 절박한 것으로 여겨야 할까? 여기서 일반적인 논점은 만약 문화적인 차이가 우리의 정의 이해 방식에 영향을 미치고 있다면, 문화적으로 다원적인 세계를 가로지르는 정의의 요구는 불확실한 것이 되고 만다는 것이다.

내가 의문을 품는 두번째 이유는 정의와 호혜성을 잇는 것과 관련된다. 기본적 생각은 간단하게 말할 수 있다. 내가 다른 사람들에 대해 공정하게 행동하는 것은 그 대가로 그들이

나에 대해 공정하게 행동할 것이라는 기대 때문이다. 이것은 내가 행하는 것과 그들이 행하는 것이 전적으로 같다는 의미가 아니다. 상황은 서로 다를 수 있다. 그러나 이를테면 내가 현재 어려운 형편에 놓인 사람을 도울 경우(집으로 가는 막차를 놓쳐 허둥대는 누군가와 우연히 마주쳤다고 생각해보자), 나는 내가 그런 처지에 있다면 그 사람이나 다른 누군가가 나를 위해 똑같이 해줄 것이라는 가정 아래 그렇게 한다. 정치적 공동체의 범위 내에서 이런 호혜성이라는 관념은 법체계나 그 밖의 정부 제도에 의해 구체적 형태가 주어진다. 교통 법규를 준수하거나 세금을 낼 때 나는 동료 시민들도 자발적으로든 법적 제재를 피하기 위해서든 그렇게 할 것으로 상정한다. 이러한 보증이 없다면, 공정하게 행동하는 사람이 양심의 가책을 별로 느끼지 않는 사람들의 먹잇감이 될 가능성이 커지고 말 것이다.

이런 사고방식을 세계시민주의적인 정의에 적용한다면 문제는 분명하다. 멀리 떨어진 공동체에 속하는 누군가를 위해 무엇을 해야 하는지에 관해서 정의가 명령하는 바를 내가 알고 있다고 가정해보자. 그 사람이 나에게 보답할 것이라는 기대를 갖는 이유로서는 어떠한 것이 있을까? 나의 자발적이고 공정한 행위가 누군가에게 악용되지 않으리라는 것을 어떻게 알 것인가? 물론 이것이 이유가 되어 정의가 명령하는 바

를 이루지 못하도록 **방해**하지는 않지만, 그러한 선택의 비용
이 높아진다. 만약 공유되는 전 지구적 규범이 등장해, 그것
에 의해 모든 사람이 특정 상황을 정의의 요구가 부과되는 것
으로 인식하게 된다면, 이 문제를 피할 수 있을 것이다. 이러
한 규범은 대규모 자연재해와 같은 극히 한정된 사례로 예시
되어왔다. 그런 경우, 이재민들을 돌보는 국제적 구호 노력을
조직하는 것이 이제는 규범이 되고 있다. 그런 의미에서 우리
는 일정한 형태의 정의로운 행동이 호혜적인 것이 되는 세상
으로 서서히 나아갈 수 있을 것이다. 하지만 그런 세상이 오기
까지는 정의의 세계시민주의적인 원리—즉, 국가적 경계선
이나 다른 형태의 구성원 자격을 고려하지 않는 원리라는 의
미에서의 세계시민주의적인 원리—에 따라 행동하는 사람은
영웅적으로 행동하고 있는, 즉 도덕적으로 요구되는 것 이상
의 것을 하고 있는 셈이다.

　그렇다고 해서 국민국가의 경계를 넘어서는 정의란 존재하
지 않는다는 것은 아니다. 전 지구적 정의라고 할 수 있는 것
은 **존재**하며, 그것은 세계 정치에서 점점 더 중요한 요소가 되
고 있다. 그러나 코즈모폴리턴처럼 그것을 그저 사회 정의로
서만, 그러니까 모든 지역의 사람들을 포괄하도록 국민국가
의 경계선을 넘어 확장된 사회 정의로서만 이해해서는 안 된
다. 나는 이 장과 이 책 전체를 전 지구적 정의에 관한 비(非)

세계시민주의적인 해석을 간결하게 그려봄으로써 매듭짓고자 한다. 거기에는 세 가지 요소가 있다.

첫째, 국민국가들 사이에서의 상호 작용에 관한 정의로운 협정을 규정하는 일련의 제약 사항들이 존재한다. 그중 몇 가지는 이미 국제법 입문서를 통해 친숙해진 편이다. 예를 들어 국가들은 자신이 체결한 조약과 그 밖의 합의를 지켜야만 한다. 국가들은 서로의 영토 보전을 존중해야만 한다. 국가들은 자기방어를 제외하고 다른 국가에 대해 무력행사를 해서는 안 된다 등등이다. 그러나 이보다 덜 친숙한 필요조건들도 있는데, 최근에야 국제 관계를 운영해가는 데서 나름의 역할을 하게 되었다. 그런 조건들은 국제적인 협조 행위가 이루어질 때의 비용과 편익의 배분 방식과 관련된다. 예를 들어 다양한 환경 문제를 해결하기 위해서는 국민국가들에 자국민들의 행동에 제한을 가하도록 요구하게 된다. 온실가스 배출 쿼터가 그런 예이고, 멸종 위기에 처한 어류 포획 쿼터는 또다른 예다. 문제는 이러한 비용을 어떻게 분배해야 할지를 결정하는 일인데, 정의의 원리가 이를 해결하는 데 도움을 줄 수 있다(안타깝게도 해결은 종종 불명료하다. 왜냐하면 다른 원리가 정당하게 채택될 수 있고, 이는 불가피하게 권력 정치가 개입될 여지를 남기기 때문이다).

국제 무역의 조건에 관한 중요한 쟁점들도 존재한다. 부유하고 강력한 국가들은 현재 그 조건들을 다음과 같은 방식으로 설정할 수 있다. 즉, 자국 생산물은 저개발 국가들에 자유롭게 수출할 수 있지만, 한편으로는 자국 농민을 보호하기 위해 이런 저개발 국가들의 농작물이 수출되는 것을 어렵게 만드는 장벽을 부과하는 방식이다. 국제 시장을 완전히 자유화하는 것에 대해서는 찬반양론이 있지만, 정의가 요구하는 바는 무역에 어떠한 제한이 부과되든 그것이 가난한 나라 사람들에게 부유한 나라 사람들과 똑같은 만큼의 경제적 기회를 제공하는 것이어야 한다는 것이다.

둘째, 전 지구적 정의의 내용에 포함되는 것으로서, 거기에는 어떠한 장소에서든 사람들의 인권을 존중하고 보호한다는 것과, 필요하다면 인권을 침해하는 국가의 권위에 도전하는 것도 포함된다. 나는 제4장에서 인권 개념을 어느 정도 상세하게 살펴보았다. 그리고 거기서 기본적인 인권(즉, 어떠한 곳에서든 인간이 최소한의 버젓한 삶을 누리는 데 필요한 조건들에 관한 권리)과, 많은 인권 문서들에서 산견되는 좀더 긴 목록의 권리들(즉, 특정 정치 공동체가 그 시민들에게 보장해야 하는 것으로서 이해하는 것이 적절한 권리) 사이에 선을 그을 필요가 있다고 주장했다. 여기서도 그 구별은 중요하다. 왜냐하면 전 지구적 정의라는 관점에서는 기본권의 보호만이 문제가 되기 때문이다. 우리는 다른 나라들이 보통선거권이나 제한 없는 종교의 자유와 같은, **우리**가 중요하다고 생각하는 권리들을 인정하지 않는다는 이유만으로 그 나라들에 개입해서는 안 된다(우리는 그러한 국가들에 다양한 종류의 유인 요소 — 예를 들면 유럽 연합과 같은 국제기구의 회원국 자격 — 를 제공함으로써 그들이 좀더 긴 목록의 권리들을 이행하도록 **북돋울** 수는 있어도 그것을 강요하려고 해서는 안 된다).

왜 인권은 국가적이거나 그 밖의 문화적인 경계와 관계없이 우리에게 정의의 의무를 부과하는 것일까? 한편으로 인권은 문화적 차이를 초월한, 인간 존재에 관한 참으로 보편적인 특징을 분명하게 드러낸다. 종교적 신념이나 관행의 중요성에 대해 당신과 나의 의견이 다른 것은 정당할 수 있지만, 고문을 당하고 있는 사람이나 굶어죽어가고 있는 사람이 위해를 당하고 있다고 말할 수 있는지 여부에 관해 의견이 다른 것은 정당할 수 없다. 그래서 내가 앞에서 왜 사회 정의의 관념이 문화적으로 보편적인 것이 아닌지에 관해 제시한 논의는 여기서는 타당하지 않다. 다른 한편으로 인권은 심대한 도덕적 중요성을 지닌다. 인권은 한 인간에게 닥칠 수 있는 가장 심각한 종류의 위해와 상응한다. 그래서 인권은 공정성이나 호혜성에 대한 우리의 관심을 능가한다. 이러한 차이는 우리가 본능적으로 인정하는 것이다. 심각한 곤경에 처한 것은 아닌 누군가가 내게 도움을 청한다면(예를 들어 전철역까지 태워

다달라고 부탁한다면), 아마도 나는 그가 나의 착한 성품을 이용하고 있는 것인지 아니면 다른 기회에 나를 위해 기꺼이 똑같이 해줄 것인지를 고려할 것이다. 그러나 만약 그가 사고로 심각한 상처를 입었다면, 문제가 되는 것은 내가 그를 도울 수 있는 입장에 있는가 하는 것뿐이다. 인권을 보호한다는 것은 두번째 상황에 해당한다. 만약 인권이 보호되지 않는다면, 사람들은 심한 고통을 받거나 죽고 말 것이다. 그러므로 도울 수 있는 인간은 정의의 문제로서 그렇게 해야만 한다.

전 지구적 정의가 명령하는 세번째 요구는 어떠한 곳에서든 사람들은 정치적으로 자율적일 수 있는 기회를 지녀야 한다는 것이다. 즉, 모든 정치 공동체는 자결권을 누려야 한다는 것이다. 이것은 모든 민족이 그 자신의 독립된 국가를 가져야만 한다는 의미가 아니다. 몇몇 경우에는 자결에 관한 이 단순한 공식이 적용될 수 없는 방식으로 사람들이 지리적으로 뒤섞여 있다. 그렇지만 그런 경우에도 실현 가능한 자결의 형태라는 것이 존재한다. 북아일랜드에서 프로테스탄트와 가톨릭 사이에 맺어진 권력 분할 협약과 같은 것을 예로 들 수 있다. 이 협약은 현재 간헐적으로 진행되고 있어, 이 책이 집필되는 동안에 단서가 붙었다. 자치에 대한 탐구를 좌절시킬 수 있는 것은 무엇일까? 그것은 이웃 국가들이 해당 공동체에 대해 제국적인 지배의 한 형태를 부과하려는 정치적 야망을 품은 경

18. 보편적 인권: 유엔 인권의 날을 기념하는 배우 줄리 크리스티와 사이 그랜트.

우나, 아니면 그 공동체가 경제적으로 매우 불안정해서 더이상 현실적인 선택의 여지가 없는 경우다. 어느 경우든 다른 국가들은 이 공동체의 자결이 가능해지도록 상황을 조성하는 데 협력할 책임을 진다.

왜 이것이 정의의 문제인가? 정치적 코즈모폴리터니즘을 비판하는 논의에서 나는 많은 집단에 자신들의 문화적 전통을 정치적으로 표현하는 것을 허용해야 한다는 요구가 얼마나 중요한지, 그리고 그러한 요구는 그 집단이 정치적 자결을 누릴 때에만 행해질 수 있다는 것을 강조했다. 자유주의 사회조차도 민족 자결을 대단히 중시하며, 주권에 대한 권리의 포기를 대단히 싫어한다. 이것은 설령 민주적인 통치에 적극적으로 참여하지 않는 사람들이라도 자신들의 운명을 통제하는 것에 대해서는 강한 필요성을 느낀다는 증거다. 이러한 관찰이 정확하다면, 자결의 기회를 빼앗기는 것은 심각한 손실이며, 다른 나라 사람들에게 정의의 의무를 부과하기에 충분할 만큼 큰 손실이다.

만약 이런 형태로 정식화된 전 지구적 정의가 성취된다면, 세계는 다음과 같은 것이 될 것이다. 즉, 정치적 권위는 주로 국민국가들 아래에 머물러 있겠지만, 그 국가들은 국제적 협조의 비용과 편익이 공정하게 분배되도록 보장하기 위해 협력할 것이다. 각각의 정치 공동체는 자신의 정치적 전통에 따라 자치를 실시할 것이고, 마찬가지로 사회 정의의 제도도 장소에 따라 다소간 차이를 보일 것이다. 그러나 모든 곳에서 인권은 존중될 것이고, 가뭄과 같은 자연재해나 억압적인 정권에 의해 인권이 위협받는 경우에는 다른 국가들이 그런 위협을 물리치기 위해 협력해서 대응할 것이다. 일부 국가는 다른 국가들보다 부유할 것이다. 하지만 그것이 경제적 착취의 결과가 아니라 정치적 선택이나 문화적 결정의 소산이라면 정의롭지 않은 것은 아닐 것이다. 일부 국가는 또한 다른 국가들보다 더 민주적일 것이다. 그러나 자신들의 통치자를 직접 통제하지 않는 사람들이라도 자신들이 어떤 정부에 속해 있는지를 확실하게 인식할 것이며, 그 정부가 자신들의 이익과 가치를 대표한다고 느낄 것이다.

이러한 세계상은 지금의 우리 세계와는 아주 다르다. 그것은 존 롤스가 그의 저서 『만민법』에서 '현실적 유토피아'라고 부른 것이다. 즉, 정치적인 실현 가능성의 한계를, 그것이 그야말로 그림의 떡이 되지 않도록 하면서 가능한 한 확대 해석한 윤리적 비전이다. 우리는 이러한 세계에 도달할 수 있을까? 현재의 국제적 상황을 관찰하고 있는 사람들은 대체로 일종의 시장만능주의의 도래를 예상하고 있다. 즉, 거기서는 전 지구적인 경제적 힘 때문에 국민국가들이 진정한 정치적 선택을 하지 못하고 있다는 것이다. 만약 경제적 경쟁력의 최대

화를 보증할 정책을 채택하는 것 말고 다른 선택지가 없다면, 자결이라는 것은 무의미해질 것이다. 그러나 제1장에서 말했 듯이, 이런 형태의 숙명론은 우리가 이제는 낡아버린 것으로 여기는 이전의 숙명론에 비해 더 나은 근거를 갖는 것도 아니 다. 어쨌든 우리가 할 수 있는 정치적 선택이 실제로 남아 있 지 않다면, 그 초점이 일국적인 것이든 국제적인 것이든, 정치 철학은 로마가 불타는 동안 바이올린을 켜는 것과 마찬가지 로 쓸모없는 것이 될 것이다. 이 책에서 내가 말한 것은 모두 다음과 같은 것을 전제하고 있다. 즉, 좋은 정부와 나쁜 정부 사이의 선택은, 비록 기술이 진보하고 사회가 더 거대해지고 복잡해짐에 따라 좋은 정부의 형태가 변한다고 하더라도, 언 제나 우리의 손에 맡겨져 있는 것이다.

우리는 10만 명 규모의 도시국가에서 이루어질 법한 좋은 통치의 그림에서 출발하여 제법 멀리까지 왔다. 사람들이 상 대적으로 평화롭고 안전한 가운데 땅을 갈고 상거래를 하고 사냥을 하고 교육을 하고 춤을 추는 상황을 묘사하면서 한편 으로는 폭정과 억압의 결과로서 황폐화와 살육이 초래된 모 습을 묘사한 로렌체티에 비하면, 우리가 그와 똑같은 작업을 진행하기는 훨씬 더 어려울 것이다. 우리의 정치는 훨씬 더 큰 규모로, 그리고 수많은 상이한 수준에서 이루어진다. 원인과 결과의 연쇄를 파악하기가 훨씬 더 곤란해지고, 그 때문에 정치적 성공이나 실패에 대한 책임을 묻기도 훨씬 더 어려워진다. 하지만 로렌체티의 작품에는 14세기의 시에나에서와 마찬가지로 오늘날의 우리에게도 의미 있는 요소들이 들어 있다. 즉, 정당한 정치적 권위와 폭정의 구별, 정부와 그 시민들의 관계성, 정의의 본성이다. 이런 물음들은 여전히 정치철학의 핵심에 놓여 있다. 그리고 인류의 미래가 우리의 통제로부터 벗어나고 있다고 느끼는 순간에야말로 그 미래에 관해 꾸준히, 그리고 철저하게 생각하면서 우리 모두가 무엇을 할 것인지를 함께 결정할 필요가 있다.

독서안내

개설서

이 책에서 다룬 주제들을 좀더 파고들려는 독자를 위해 아래와 같은
정치철학 입문서를 추천할 수 있다.

Jonathan Wolff, *An Introduction to Political Philosophy* (Oxford
University Press, 1996).

Adam Swift, *Political Philosophy: A Beginner's Guide for Students and
Politicians* (Polity Press, 2001).

Will Kymlicka, *Contemporary Political Philosophy*, 2nd edn. (Oxford
University Press, 2002).

Dudley Knowles, *Political Philosophy* (Routledge, 2001).

Gerald Gaus, *Political Concepts and Political Theories* (Westview Press,
2000).

Robert Goodin and Philip Pettit, *A Companion to Contemporary
Political Philosophy* (Blackwell, 1993).

정치철학의 역사는 더 큰 문제들을 제기한다. 아마도 관련된 역사 연
구의 축적이 방대하기 때문에, 오늘날 학자들은 이 주제에 관한 개
설서라면 혼자 집필하기를 주저할 것이다. 여러 저자가 쓴 입문서

로는 David Muschamp(ed.), *Political Thinkers* (Macmillan, 1986)과 Brian Redhead(ed.), *Political Thought from Plato to Nato* (Penguin, 1995)가 있다. 이들은 개개의 정치철학자들을 시대순으로 다룬다. 일반적인 주제들을 설명하기 위해 역사상의 인물들을 등장시킨 연구로는 위에서 소개한 Jonathan Wolff의 저서와 John Morrow, *History of Political Thought* (Macmillan 1998)를 들 수 있다. 홉스 이후의 정치사상을 상세히 다룬 것으로는 Iain Hampsher-Monk, *A History of Modern Political Thought* (Blackwell, 1992)가 있다. 정치사상사에서의 주요 인물들과 그 주변 인물들 모두에 대한 간략한 설명에 관해서는 내가 Janet Coleman, William Connolly, Alan Ryan과 함께 쓴 *Blackwell Encyclopaedia of Political Thought* (Blackwell, 1987)를 참조할 수 있다.

제1장 정치철학은 왜 필요한가

로렌체티의 프레스코화는 Randolph Starn, *Ambrogio Lorenzetti: The Palazzo Pubblico, Siena* (Braziller, 1994)에서 복사, 논의되고 있다. 이 그림은 인터넷상에서도 만날 수 있다(http://www.kfki.hu/arthp/html/l/lorenzet/ambrogio/governme/index.html). 프레스코화의 해석에 관해서 나는 Quentin Skinner의 로렌체티에 관한 논문에서 많은 도움을 받았다. 그 논문은 그의 *Visions of Politics*, ii (Cambridge University

Press, 2002)에 수록되어 있다.

정치가 주로 한 사회의 물질적 생산 형식에 의해 결정된다는 마르크스의 이론은 『공산당 선언』과 『정치 경제학 비판』 서문에서 발견할 수 있다. 둘 다 *Karl Marx: Selected Writings*, ed. D. McLellan (Oxford University Press, 1977) 등에 표준적인 발췌라는 형식으로 수록되어 있다. '역사의 종언' 테제는 Francis Fukuyama, *The End of History and the Last Man* (Hamish Hamilton, 1992)에 의해 널리 알려졌다.

홉스와 플라톤에 관해서는 각각 Thomas Hobbes, *Leviathan*, ed. R. Tuck (Cambridge University Press, 1991)과 Plato, *The Republic*을 참조할 수 있다. 후자에 대해서는 H. D. P. Lee의 번역(Penguin, 1955)을 포함하여 여러 번역을 이용할 수 있을 것이다. 동굴의 비유는 제7권에서 찾아볼 수 있다.

민주주의의 고대적 형식과 근대적 형식의 대비에 관해서는 Sanford Lakoff, *Democracy: History, Theory, Practice* (Westview Press, 1996)를 참조할 수 있다.

제2장 정치권력

내가 아는 한, 정치권력에 관해 가장 이해하기 쉽게 논의하고 있는 것은 April Carter, *Authority and Democracy* (Routledge & Kegan Paul, 1979)이다. 좀더 상세한 것으로는 Leslie Green, *The Authority of the State* (Clarendon Press, 1998)를 들 수 있다.

홉스가 묘사한 정치권력 없는 삶의 모습은 그의 *Leviathan*, ed. Richard Tuck (Cambridge University Press, 1991), 13장에서 볼 수 있다 (인용은 89쪽의 것이다). 또한 홉스의 사상에 대한 뛰어난 입문서로는 Richard Tuck, *Hobbes* (Oxford University Press, 1989)가 있다.

아나키즘에 관해 나는 이미 *Anarchism* (Dent, 1984)에서 상세히 논한 바 있다. 가장 유명한 공동체주의적 아나키스트는 러시아의 귀족 표트르 크로폿킨이다— 예를 들면 그의 *The Conquest of Bread and Other Writings*, ed. M. Shatz (Cambridge University Press, 1995)가 있다. 자유 지상주의적 정치철학에 관한 가장 중요한 저작은 Robert Nozick, *Anarchy, State and Utopia* (Blackwell, 1974)이다. 하지만 노직이 아나키가 아니라 최소 국가를 옹호하는 것으로 끝맺고 있는 점에 대해서는 주의해야 한다. 이에 대한 뛰어난 논의로는 Jonathan Wolff, *Robert Nozick* (Polity Press, 1991)을 들 수 있다.

공공재와 그것을 공급하기 위해 과연 정치권력이 필요한가 하는 물음에 관해서는 David Schmidtz, *The Limits of Government* (Westview Press, 1991)를 참조할 수 있다.

정치적 의무의 문제는 John Horton, *Political Obligation* (Macmillan, 1992)에서 논의된다. 페어플레이 논의에 대한 가장 설득력 있는 진술은 G. Klosko, *The Principle of Fairness and Political Obligation* (Rowman & Littlefield, 1992)에서 찾아볼 수 있다. 이 문제와 동의의 논증에 비판을 가하고 있는 것은 A. John Simmons, *Moral Principles and Political Obligations* (Princeton University Press, 1979)이다.

시민 불복종의 근거에 관해서는 Peter Singer, *Democracy and Disobedience* (Oxford University Press, 1973)에서 논의된다.

제3장 민주주의

존 로크의 홉스 비판은 그의 *Two Treatises of Government*, ed. P. Laslett (Cambridge University Press, 1988)에서 찾아볼 수 있다. 인용은 *Second Treatise*, 제7장, 328쪽의 것이다.

슘페터 인용은 Joseph Schumpeter, *Capitalism, Socialism and*

Democracy, ed. T. Bottomore (Allen & Unwin, 1976), 262쪽의 것이다.

루소 인용은 Jean-Jacques Rousseau, *The Social Contract*, ed. C. Frankel (Hafner, 1947), 85쪽의 것이다.

민주주의 일반에 관해서는 Ross Harrison, *Democracy* (Routledge, 1993)와 Albert Weale, *Democracy* (Macmillan, 1999)를 찾아볼 수 있다. 다원주의적 접근에 관해서는 Robert Dahl, *Democracy and its Critics* (Yale University Press, 1989)를, 민중의 정치 참여에 대한 옹호로서는 Benjamin Barber, *Strong Democracy* (University of California Press, 1984)와 John Burnheim, *Is Democracy Possible?* (Polity Press, 1985)을 참조할 수 있다.

정치적 결정을 내리도록 요구받은 때에 보통의 시민들이 어떻게 행동하는지에 관해 그 증거가 되는 논의는 Anna Coote & Jo Lenaghan, *Citizens' Juries* (IPPR, 1997)와 James Fishkin, *The Voice of the People* (Yale University Press, 1995)에서 찾아볼 수 있다.

헌법의 역할에 관해서는 Geoffrey Marshall, *Constitutional Theory* (Clarendon Press, 1971)를 참조할 수 있다.

제4장 자유와 정부의 한계

존 스튜어트 밀의 『자유론』은 *Utilitarianism; On Liberty; Considerations on Representative Government*, ed. A. D. Lindsay (Dent, 1964)에 수록되어 있다. 이 장에서의 인용은 125쪽과 138쪽의 것이다.

이사야 벌린의 것을 포함하여 자유 개념에 관한 가장 좋은 논의로 여겨지는 것들을 나는 *Liberty* (Oxford University Press, 1991)에 수록해두었다. 그 밖의 훌륭한 논고로는 Tim Gray, *Freedom* (Macmillan, 1991)과 Adam Swift, *Political Philosophy* (Polity Press, 2001), 제2부를 들 수 있다.

밀의 자유 원리에 관해서는 수많은 논의가 이루어져왔다. 예를 들어 C. L. Ten, *Mill on Liberty* (Clarendon Press, 1980)나 Joel Feinberg, *Harm to Others* (Oxford University Press, 1984) 등을 추천하고 싶다.

살만 루슈디의 『악마의 시』를 둘러싼 논쟁을 계기로 제기된 언론 자유의 쟁점들을 논의한 것으로는 Bhikhu Parekh (ed.), *Free Speech* (Commission for Racial Equality, 1990)와 Bhikhu Parekh, *Rethinking Multiculturalism* (Macmillan, 2000), 제10장을 살펴볼 수 있다.

자연권 관념의 발전을 추적한 연구로는 Richard Tuck, *Natural Rights*

Theories: Their Origins and Development (Cambridge University Press, 1979)가 있다. 좀더 최근의 인권 개념 분석에 관해서는 James Nickel, *Making Sense of Human Rights* (University of California Press, 1987)와 Henry Shue, *Basic Rights* (Princeton University Press, 1996)를 참조할 수 있다.

제5장 정의

정의에 관한 성 아우구스티누스의 논평은 *The City of God against the Pagans*, ed. R. W. Dyson (Cambridge University Press, 1998), 139쪽에서 인용한 것이다.

지난날 나는 *Principles of Social Justice* (Harvard University Press, 1999)에서 정의 이념을 좀더 상세히 분석한 바 있다. 이 책은 평등, 공적, 그리고 필요성의 원리에 초점을 맞추고 있다. 서로 다른 정의론들에 관한 훌륭한 논의는 Tom Campbell, *Justice*, 2nd edn. (Macmillan, 2001)에서 찾아볼 수 있고, 앞에서 제시한 Kymlicka와 Swift에 의한 개설서도 각각 유용하다. 서로 다른 정의의 원리가 서로 다른 맥락에서 적용된다는 생각에 관해서는 특히 Michael Walzer, *Spheres of Justice: A Defence of Pluralism and Equality* (Basic Books, 1983)를 참조할 수 있다.

평등에 관해 정치철학자들이 쓴 최근 논고를 모은 양서로는 Matthew Clayton & Andrew Williams (eds.), *The Ideal of Equality* (Macmillan, 2000)를 들 수 있다.

사회 정의에 대한 하이에크의 비판은 Friedrich Hayek, *Law, Legislation and Liberty*, vol. ii. *The Mirage of Social Justice* (Routledge & Kegan Paul, 1976)에서 찾아볼 수 있다.

물질적 인센티브의 배제를 시도한 공동체나 사회의 사례는 Charles Erasmus, *In Search of the Common Good: Utopian Experiments Past and Future* (Free Press, 1977)에 제시되어 있다.

존 롤스의 대표작은 1971년에 처음 출간된 *A Theory of Justice* (개정 판, Harvard University Press, 1999)이지만, 그의 이론을 좀더 짧고 이해하기 쉽게 정리한 것으로 *Justice as Fairness: A Restatement*, ed. E Kelly (Harvard University Press, 2001)가 있다.

시장 사회주의라는 이념에 관한 입문서로는 Julian Le Grand & Saul Estrin (eds.), *Market Socialism* (Clarendon Press, 1989)을 들 수 있다.

제6장 페미니즘과 다문화주의

페미니즘과 다문화주의에 관해서는 Will Kymlicka, *Contemporary Political Philosophy*, 2nd edn. (Oxford University Press, 2002)에서 상세히 논의된다. 페미니즘 정치사상에 관해서는 수많은 논문집이 간행되었는데, 그중에는 Alison Jaggar & Iris Marion Young (eds.), *A Companion to Feminist Philosophy* (Blackwell, 1998)나 Anne Phillips (ed.), *Feminism and Politics* (Oxford University Press, 1998) 등이 있다. 다문화주의에 관해서는 Will Kymlicka, *Multicultural Citizenship* (Clarendon Press, 1995)과 Bhikhu Parekh, *Rethinking Multiculturalism* (Macmillan, 2000)을, 그리고 이들에 대한 비판에 관해서는 Brian Barry, *Culture and Equality* (Polity Press, 2001)를 참조할 수 있다.

정치권력과 권위에 관한 논의에서 남성이 여성에 비해 더 많은 권력을 지닌다는 것이 여전히 인정되지 않고 있다는 주장에 관해서는 특히 Carole Pateman, *The Sexual Contract* (Polity Press, 1988)를 참조할 수 있다. 지난날 정치철학자들이 여성을 어떻게 바라보았는지를 분석한 것으로는 Susan Okin, *Women in Western Political Thought* (Virago, 1980)가 있다.

존 스튜어트 밀 인용(『여성의 예속』)은 John Stuart Mill & Harriet Taylor, *Essays on Sex Equality*, ed. A Rossi (University of Chicago

Press, 1970), 148쪽의 것이다. 남성과 여성의 본성 사이에 과연 본질적 차이가 존재하는지의 물음은 Deborah Rhode (ed.), *Theoretical Perspectives on Sexual Difference* (Yale University Press, 1990)에서 논의된다.

포르노그래피에 반대하는 페미니스트의 입장이 강하게 표명되고 있는 것은 Catherine MacKinnon, *Only Words* (Harper Collins, 1994)이다.

여성과 문화적 소수자가 왜 그리고 어떻게 민주 정치에 포함되어야 하는가에 관한 논의는 Anne Phillips, *The Politics of Presence* (Clarendon Press, 1995)와 Iris Marion Young, *Inclusion and Democracy* (Oxford University Press, 2000)를 참조할 수 있다.

가족 내부에서의 정의에 관해서는 특히 Susan Moller Okin, *Justice, Gender and the Family* (Basic Books, 1989)를 참조할 수 있다.

적극적 차별 철폐 정책에 의해 제기된 철학적 논점들을 탐구하고자 하는 사람들에게 좋은 출발점이 되는 것은 Stephen Cahn, *The Affirmative Action Debate*, 2nd edn. (Routledge, 2002)이다. 또한 *A Matter of Principle* (Clarendon Press, 1986), 제5부에 수록된 Ronald

Dworkin의 논고들도 참조할 수 있다.

제7장 국민, 국가, 그리고 전 지구적 정의

상상된 공동체로서의 국민이라는 Benedict Anderson의 영향력 있
는 생각은 그의 *Imagined Communities: Reflections on the Origins
and Spread of Nationalism* (개정판, Verso, 1991)에서 전개된다. 국가
주의를 사회학적 현상으로서 파악하는 두 가지 대조적인 해석으로
Ernest Gellner, *Nations and Nationalism* (Blackwell, 1983)과 Anthony
Smith, *National Identity* (Penguin, 1991)를 참조할 수 있다.

국민적 정체성은 민주주의와 사회 정의를 뒷받침한다는 나의 생각
은 *On Nationality* (Clarendon Press, 1995)에서 좀더 상세히 개진된다.
국가주의가 반드시 자유주의적 가치들을 해치는 것은 아니라는 주
장에 관해서는 Yael Tamir, *Liberal Nationalism* (Princeton University
Press, 1993)을 참조할 수 있다.

세계시민주의적인 정치 이념은 David Held, *Democracy and the
Global Order* (Polity Press, 1995)에서 옹호된다. 세계시민주의적
인 정의의 원리는 Charles Beitz, *Political Theory and International
Relations* (신판, Princeton University Press, 1999)와 Thomas Pogge,

Realizing Rawls (Cornell University Press, 1989), 그리고 Charles Jones, *Global Justice: Defending Cosmopolitanism* (Oxford University Press, 1999)에서 주창되고 있다.

Michael Walzer는 세계 전체를 가로지르는 것보다 '더 두터운' 정의의 원리가 국가적 공동체 내부에 적용된다는 견해를 *Thick and Thin: Moral Argument at Home and Abroad* (University of Notre Dame Press, 1994)에서 옹호하고 있다.

Immanuel Kant의 '영원한 평화' 관련 논고는 *Kant's Political Writings*, ed. H. Reiss (Cambridge University Press, 1971)에 수록되어 있다. 인용은 114쪽의 것이다.

'현실적 유토피아'로서의 정의로운 세계 질서라는 존 롤스의 비전에 관해서는 *The Law of Peoples* (Harvard University Press, 1999)를 참조할 수 있다.

역자 후기

이 책은 David Miller, *Political Philosophy: A Very Short Introduction* (New York: Oxford University Press, 2003)을 옮긴 것이다. 데이비드 밀러(1946~)는 옥스퍼드대학교 정치학과 교수이다. 그는 『사회 정의』, 『흄의 정치사상에서의 철학과 이데올로기』, 『아나키즘』, 『시장, 국가, 공동체: 시장 사회주의의 이론적 기초』, 『사회 정의의 원리』, 『국가적 책임과 전 지구적 정의』 등을 저술했다. 정치철학에 대한 간결한 입문서인 이 『정치철학』은 정치철학이 왜 필요한가 하는 물음에서 시작하여 권력, 민주주의, 자유, 정부의 한계, 정의, 페미니즘, 다문화주의, 그리고 국민과 전 지구적 정의와 같은 정치철학의 핵심 개념들을 다룬다.

　데이비드 밀러는 먼저 정치철학이 '우리는 사회에서 어떻게 함께 살아가야 하는가?'와 같은 기본적인 윤리적 문제에서 출발한다는 점을 제시하고, 나아가 '우리는 정치가 없는 사회에서 함께 살 수 있을까?'라는 물음을 둘러싸고 정치권력이 성립하는 까닭과 그에 대한 비판적 견해들, 그리고 '정치의 한계는 어디에 있는가?' 하는 물음, 즉 정치권력의 정당성이나 과제와 관련하여 민주주의와 자유 및 인권의 문제를 살펴본다. 그러고 나서 그는 정치철학에서 끊임없이 제기되는 주제인 정치권력과 정의의 연관성, 시장 경제와 사회 정의의 관계를 탐구하고, 마침내 남성과 여성 사이의 권력관계 문제와 정치철학의 연관성, 그리고 전 세계에 걸쳐 왜 국가가 정치적 삶의 자연스러운 단위인지, 다문화주의와 초국가적 협력의 부상이 과연 이 모든 것을 변화시키게 될 것인지, 우리는 세계정부 구상에 대해 어떻게 생각해야 할지를 묻는다. 물론 데이비드 밀러는 이러한 논의를 암암리에 플라톤의『국가』에서 소크라테스와 트라시마코스가 벌인 '정의란 무엇인가?' 논쟁, 플라톤의 이상 국가 논의, 그리스도교의 정의 구상, 홉스와 로크 그리고 루소의 근대적 사회계약론, 자본주의와 시장 경제를 둘러싼 정치사상적 논의들, 그리고 민주주의와 자유주의, 소극적 자유와 적극적 자유, 개인적 자유와 사회적 자유 및 사회적 정의와 관련한 현대의 다양한 정치철학 논의를 염두에 두고 전개하고 있다. 따라서 이 책은 이 주제에 대한 사전 지식이 없는 독자들도 정치철학의 기본 물음과 개념들을 역사적으로 이해하고, 나아가 그에 기초하여 우리 시대의 주요한 정치적 문제들에 접근하여 스스로 비판적으로 생각할 수 있게 해준다고 할 수 있다.

일반적으로 밀러는 로버트 노직이나 존 롤스처럼 정의에 대한 이해에서 일종의 '통합 이론'을 내세우는 사상가들과는 달리 정의의 단일한 척도는 있을 수 없다고 주장하며 사회 정의에 대한 다원적 설명을 제안하는 것으로 이해된다. 사회 정의의 철학은 사회적 현실과 그에 대한 살아 있는 경험에서 출발해야 한다는 것이다. 그래서 그는 정의로운 분배는 관련자들 사이의 관계 유형에 따라, 요컨대 정의가 문제시되는 각각의 역사적 현실에 따라 다르다고 말한다. 이러한 그의 입장은 예를 들어 자유주의적 형태의 국가주의를 옹호하는 데로 이어진다. 그는 이러한 자신의 견지가 현대의 복지국가에 대한 지지를 유지하는 데서 본질적이라고 주장한다. 나아가 그의 이러한 견해는 지금 이 책에서 기본적 인권과 각 정치 공동체마다 서로 다른 정치적·사회적 권리의 구별에서 볼 수 있듯이 전 지구적 정의 문제에 대한 일정한 태도로 이어진다. 이러한 그의 입장은 수많은 비판과 논쟁의 대상이 되어왔다. 이를테면 밀러가 정치적 과제의 본령이 자신의 국가적 공동체에 놓여 있다고 말하면, 비판자들은 국가를 넘어서는 연대의 형태를 바라볼 필요가 있다고 지적하는 것이다.

이와 같은 밀러의 생각을 둘러싸고는 다양하고 다층적인 논의가 가능하겠지만, 한 가지만 언급하자면, 옮긴이로서는 이러한 밀러의 입장이 현대의 정치철학적 논의의 한 면모에 대해 반성하기 위한 출발점이 될 수 있다고 생각한다. 왜냐하면 현대 정치철학에서 엿볼 수 있는 가장 큰 제한 가운데 하나는 그 논의가 사회적 현실에 대한 분석으로부터 분리되어 순수하게 규범적인 원리들에 고착되어 있다는 점이기 때문이다. 예를 들어 다양한 정의론들은 주어진 관행과 제도들로부터 고립되어 규범적 규칙들을 정식화한 후 이차적으로 사회적 현실에 적용되는 것으로 기획된다. 이러한 기획에서 드러나는 존재와 당위의 대립이 현대의 일정한 정치철학적 논의가 현실의 사회적 관계들에 대한 도덕주의적이고 주관적이며 규범적인 접근에 한정되도록 하는 데 반해, 밀러의 작업은 정의의 정치철학이 사회적 현실에 대한 분석과 밀접하게 결합되는 방향을 가리키고 있다.

지난 수십 년 동안 이루어진 사회의 변화는 우리가 세계와 인간, 그리고 그 세계 속에서의 인간의 올바른 삶과 정의를 이해하는 방법에 대해 다양한 문제를 제기하고 있다. 그렇다면 이제 데이비드 밀러의 이 『정치철학』은 우리에게 그 변화된 현실에 주목하고 정치철학의 근본 물음들과 개념들에 기초하여 우리 자신의 대답을 형성할 것을 촉구하고 있다고 할 것이다. 그런 의미에서 옮긴이로서는 이『정치철학』이 독자 여러분이 스스로 독자적인 정치적 사유를 다듬어나가는 데 도움이 될 수 있기를 바랄 뿐이다.

독서안내

저자가 각 주제별, 장별로 참고문헌과 더 읽을 문헌들을 상세하게 소개하고 있기에 여기서는 우리말로 읽을 수 있는 정치철학의 몇 가지 중요한 저작만을 간략히 소개하기로 한다.

오트프리트 회페,『정치철학사 ― 플라톤부터 존 롤스까지』, 정대성, 노경호 옮김, 2021.

플라톤,『국가·정체』, 박종현 옮김, 서광사, 2005.

아리스토텔레스,『정치학』, 김재홍 옮김, 도서출판 길, 2017.

토머스 홉스,『리바이어던』, 진석용 옮김, 나남출판, 2008.

존 로크,『통치론』, 강정인, 문지영 옮김, 까치, 1996.

존 스튜어트 밀,『자유론』, 서병훈 옮김, 책세상, 2018.

G. W. F. 헤겔, 『법철학』, 임석진 옮김, 한길사, 2008.

카를 마르크스, 프리드리히 엥겔스, 『공산당 선언』, 심철민 옮김, 도서출판b, 2018.

존 롤스, 『정의론』, 황경식 옮김, 이학사, 2003.

도판 목록

교유서가 〈첫단추〉 시리즈 ✳ 옥스퍼드 〈Very Short Introductions〉

교유서가 〈첫단추〉 시리즈는 '우리 시대의 생각 단추'를 선보입니다. 첫 단추를 잘 꿰면 지식의 우주로 들어서게 될 것입니다. 이 시리즈는 세계적으로 정평 있는 〈Very Short Introductions〉의 한국어판입니다. 역사와 사회, 정치, 경제, 과학, 철학, 종교, 예술 등 여러 분야의 굵직한 주제를 알기 쉽게 설명합니다. 이 시리즈는 새로운 관점으로 '나와 세계'를 볼 수 있는 눈을 열어줄 것입니다.

정치철학

POLITICAL PHILOSOPHY

초판 1쇄 발행 2022년 4월 11일
초판 2쇄 발행 2023년 5월 1일

지은이 데이비드 밀러
옮긴이 이신철

편집 최연희 이희연 김윤하
디자인 강혜림
저작권 박지영 형소진 서연주 오서영
마케팅 김선진 배희주
브랜딩 함유지 함근아 김희숙 고보미
　　　　박민재 정승민 배진성
제작 강신은 김동욱 임현식
제작처 한영문화사(인쇄) 한영제책사(제본)

펴낸곳 (주)교유당　　**펴낸이** 신정민
출판등록 2019년 5월 24일
　　　　제406-2019-000052호
주소 10881 경기도 파주시 회동길 210
전자우편 gyoyudang@munhak.com
문의전화 031) 955-8891(마케팅)
　　　　031) 955-2680(편집)
　　　　031) 955-8855(팩스)

페이스북 @gyoyubooks
트위터 @gyoyu_books **인스타그램** @gyoyu_books

ISBN 979-11-92247-09-0 03300